景品表示法の新制度で

課徴金を受けない
3つの
最新広告戦略

㈱薬事法ドットコム社主／米国財団法人HIF理事長
林田 学

目　次

プロローグ　科学的真実と景表法的真実

2014年の「空間除菌剤事件」　8
広告表現とエビデンスの対応関係　9
表現を誤ると措置命令、そして課徴金　10
措置命令・課徴金を回避する3つのスキーム　12
あらかじめ知っておきたい4つのポイント　13

第1章　不実証広告規制と措置命令

虫よけ効果を標榜する商品広告に対する措置命令　20
2003年に導入された不実証広告規制　20
エビデンスとしての適格性　21

第2章　広告の合理的根拠／広告との対応性

重要先例「LED事件」　36
LED事件が教えるもの——広告の二段構造　37
同一視野で明瞭な表示とは？　38

注記という妙手　39
注記の威力と限界　40
空間除菌剤ではどうか？　42
E社の広告を再検討すると　43
掃除機の広告に対する措置命令の核心は？　44
２段階訴求術の限界を示した「冷却ベルト事件」　45

第3章　広告の合理的根拠／エビデンスとしての適格性

重要先例「冷却ベルト事件」　52
冷却ベルト事件が教えるもの　53
機能性表示食品からエビデンス適格を読み取る　54
置き換えダイエット　56
体験談のエビデンスに関する2013年12月24日の消費者庁通知　56
エビデンスとしての適格性をめぐる凌ぎあい　57
統計学による理論武装　58

第4章　不実証広告規制の手続きフロー

措置命令に関する不実証広告規制の手続きフロー　64
フローの解説　64
措置命令を争う場合　66

課徴金の場合のフロー　67

第5章　第3のスキーム／コンプライアンス体制

コンプライアンス体制　86

景表法対策のプロと構築するコンプライアンス体制　86

コンプライアンス体制の効果　89

第6章　2016年4月にスタートした課徴金

課徴金の対象・主体　108

マストの課徴金　108

課徴金の額と対象期間　109

過去遡及の起算点　110

誤認の恐れの解消措置　112

表示をやめていても課徴金の対象になるのか？　113

相当の注意をしていた場合は免責　114

課徴金の納付期限・不払い・異議　115

自主申告・自主返金による課徴金の減免　116

課徴金第1号　116

エピローグ　景表法3つのスキームとELM理論

法をクリアしてチャンスをものにする　144

マーケティングの最強ツール「ELM理論」　145

付章　消費者庁を補完する適格消費者団体のパトロール

適格消費者団体の差止訴訟　148

終止符を打たれたクロレラチラシ　148

アフィリエイトサイトやサテライトサイト　149

追記　151

資料

不実証広告規制に関する指針　22〜33

「いわゆる健康食品に関する景品表示法及び
健康増進法上の留意事項について（案）」に対する
意見募集の結果について　61

広告内容について合理的根拠の提出を求める
「資料提出請求書」　69〜70

弁明の機会の付与を伝える通知　71〜72

合理的根拠の提出を求められる前に来る場合もある
メールの文例　73〜74

消費者庁への「報告書」の書式　75〜78

課徴金制度施行後の「報告書」の書式　81〜84

合理的根拠提出要求の中でのヒアリング内容　90〜92

事業者が講ずべき景品類の提供
及び表示の管理上の措置についての指針　93〜105

課徴金納付命令のガイドライン　117〜142

「お問い合わせ」活動の終了を伝える通知　184〜187

健康増進法の改定ガイドライン（2016年4月20日）　188

健康食品に関する景表法・健増法の
留意事項の改定案（2016年4月20日）　189〜190

本書に掲載した広告表示に関する消費者庁等の指導等の内容を示す図表は、消費者庁等行政が公表しているホームページ上の資料、および著者が実際に携わった景表法事案より引用した。ただし、その多くはすでに解決済みの案件であることから、企業名、商品名および個人を特定できる情報は原則として伏せて使用した。

消費者庁の景表法ページは下記のとおり。
http://www.caa.go.jp/policies/policy/representation/fair_labeling/
消費者庁ホームページ＞政策＞表示対策＞景品表示法＞景品表示法関係公表資料

プロローグ 科学的真実と景表法的真実

▶2014年の「空間除菌剤事件」

――空間除菌に「二酸化塩素」が有効です

2014年3月、大手薬品メーカーA社が新聞に掲載した広告のキャッチコピーである（→15ページ　図表P‐1）。

大ヒットした空間除菌剤の広告が景表法（※）違反に当たるとして消費者庁から措置命令を受けたA社は、その直後に、対抗措置とも取れるようなこの広告を打ったのだ。

これに対して、消費者庁からは「処分に違反する懸念がある」とのコメントが発表され、A社も措置命令の受け入れを再確認することとなった。

私は、この一連の騒動を見ていて、科学と法律の間に横たわるギャップをあらためて痛感した。すなわち、科学的真実と景表法的真実のギャップである。

この空間除菌剤事件では、実に17社が、広告が景表法違反であるとして措置命令（2014年3月27日）を受けている。

措置命令とは、消費者庁が、景表法に違反する表示などをした事業者に、その撤回と再発の防止を命じる行政処分である。その命令に従わなければ、最悪、刑事罰のペナルティも科せられる。

ちなみに、この処分は、2009年9月に消費者庁に景表法の所管が移される以前は、公取委（公正取引委員会）が「排除命令」として行っていた。

命令を受けた企業の1つB社は、自社の空間除菌剤について、

広告で「身につけるだけで除菌・消臭」とうたっていたが、問題とされた広告中には、二酸化塩素を用いる空間除菌剤の抗ウイルス・消臭効果などについて、オゾンやクラスターイオンなど他の成分と比較した表も掲載されていた（→16ページ　図表P - 2）。

この表の内容が科学的な考察として正しければ、問題はなかったのだろうと解釈する人が多いのではないだろうか。

だが、仮に広告中の科学的な考察が正しかったとしても、それを用いた一般家庭向けの広告が景表法上問題ない、とは言えない。なぜなら、この考察はあくまでもラボ（実験室）での話であり、B社の空間除菌剤が、一般家庭での使用において同様の効果をもたらすとは限らないからである。

※景表法：景品表示法の略。正式名称は「不当景品類及び不当表示防止法」。不当な表示や景品などから消費者の利益を保護するための法律。

▶広告表現とエビデンスの対応関係

景表法は、性能や効能をアピールする広告について合理的根拠を問題とし、合理的根拠がなければ景表法違反とジャッジする。場合により、そのペナルティとして下されるのが措置命令だ。

その際、合理的根拠の判断基準として重要なのが、広告とエビデンス（科学的根拠）の「対応関係」である。

マーケットに参加しているプレーヤー（企業や起業家）の多くは、この「対応関係」への理解が不十分なために景表法違反に陥っている。

B社の事例では、広告表現が「二酸化塩素は他の成分に比べ、こんなにすぐれもの！」というものなら、成分の一般論（効果Ｘ）を表現しているだけなのでエビデンスとの対応関係が肯定できる。だが、「身につけるだけで除菌・消臭」という表現（表現Ｙ）は成分の効果の比較には対応していない。表現Ｙはこの商品を身につけた場合にどうなるかという話であるのに対し、効果Ｘはあくまでも成分の一般論（ラボでの話）だからである。

　しかし、多くのプレーヤーは、エビデンスが妥当であればそれでよし、と誤解している。
　景表法は、あくまでも広告表現にマッチしたエビデンスを要求する法律であり、広告表現との関係でＯＫかＮＧかが左右されることを理解しておかなければならない。

▶表現を誤ると措置命令、そして課徴金

　もう一例をあげよう。
　同じく空間除菌剤の広告で措置命令を受けたＣ社の広告だ。
　「空間除菌■■■■■」という商品名とともに、「空間除菌」「身につけるだけで約１㎥以内の空間を浄化！」という広告表現がされていた。そして、その技術による除菌効果判定試験のグラフが載せられていた（→17ページ　図表Ｐ-3）。

プロローグ　科学的真実と景表法的真実

　繰り返しになるが、多くのプレーヤーは、「この試験がエビデンスとして妥当であれば、それでこの商品には除菌効果があると言える」と単純に誤解している。
　しかし、実際には、どのように表現するかで、エビデンスとの対応関係は変わってくる。
　この例では、「身につけるだけで……」という表現を、除菌効果判定試験のグラフで根拠づけることはできない。また、このグラフから「1㎥」という数字を導くことはできない。とすると、この表現は「言い過ぎ」「対応関係なし」となる。

　こうしてみると、冒頭のA社のケースも、ポイントは実はエビデンスと広告表現の対応関係にあったのではないかということが見えてくる。
　いくら立派なエビデンスを取得していたとしても、それでことが終わりなのではなく、次のステップとして、そのエビデンスと広告表現が対応できているのかを精査しなければ措置命令という鞭(むち)を打たれることになるかもしれないのだ。

　そして、2016年4月からは、この「鞭」に新たに課徴金(かちょうきん)という制度が加わった。これにより、景表法違反とみなされた事業者サイドが失うものは、従来よりはるかに大きくなる。

▶措置命令・課徴金を回避する３つのスキーム

　ところで、私は、性能や効能に関する景表法関連事案をこれまで40件近く扱ってきた。そのうち９割は、私のコンサルティングにより準備したエビデンスで措置命令を免れている（１割は消費者庁の運用方針が突然変わったため措置命令に至った）。

　その経験からすると、措置命令から除外され、課徴金を免れるスキームが３つある。

　それは、次の３点である。

　商品の性能や効能を訴求する広告には常にエビデンスを用意し、

　① そのエビデンスがエビデンスとしての「適格性」を備えるようにする

　② エビデンスと広告の「対応性」が肯定できるようにする

　③ 景表法コンプライアンス（法令遵守）体制を構築する

　この３点を押さえておけば、措置命令に至ることもなければ、課徴金を課されることもない。

　科学的真実と景表法的真実の違いを知らないために、優秀な科学者・技術者が見落としやすいのは、特に②の「エビデンスと広告の対応性」である。

　本書では、その部分を重点的に話を進めていくが、まず、私のスキームを理解するために必要な基礎知識を押さえておいていただきたい。

▶あらかじめ知っておきたい４つのポイント

① 規制の対象は景品と表示

　景表法とは、景品と表示を対象とする法律で、公正な競争を確保することを目的としている。過剰な景品やうその表示で競争に勝つことは、公正とは言えないので、その辺りを規制するものだ。

　「表示」には、広告のほか、商品パッケージやカタログ・会報など消費者に向けてアピールするすべての媒体が含まれるが、本書では主として「表示＝広告」という前提で話を進める。

② 優良誤認と有利誤認

　①で述べた〝うその表示〟は「不当表示（ふとうひょうじ）」と呼ばれる。そして、不当表示には「優良誤認（ゆうりょうごにん）」と「有利誤認（ゆうりごにん）」の２種類がある。

　優良誤認とは、品質など商品の内容について欺瞞（ぎまん）的な表示を行う場合だ。たとえば、痩身（そうしん）効果のエビデンスなどないのに「確実に痩（や）せるダイエットサプリ」と表示する場合が該当する。

　有利誤認とは、価格などの取引条件について欺瞞的な表示を行う場合をいう。たとえば、「通常価格１万円のところ、今なら３千円」と表示しているものの、１万円の価格設定などそもそも行っていない場合などだ。

　措置命令も課徴金も、優良誤認・有利誤認どちらもカバーするが、本書は商品内容の訴求とエビデンスをテーマとしているので優良誤認のみを扱っていく。

③ 不実証広告規制

　商品の内容に関する表示が実際と違うということ（つまり優良

誤認）は、以前は行政が立証しなければならなかった。だが、それがボトルネックになって優良誤認の取り締まりが進まないことから、2003年に法律が改正され、事業者側が「表示は実際とたがわない」ということを立証しなければならなくなった。これは「不実証広告規制（ふじっしょうこうこくきせい）」と言われる。

　このルールのもと、現在は、行政が怪しいと思う表示について合理的根拠を示すよう事業者側に要求し、その根拠が示されなかったと行政が判断したら、それで優良誤認を行ったとみなされることになっている。

④ 措置命令

　優良誤認を行った場合に、これまで最大のペナルティは措置命令だった。これは、事業者に対し、その誤認を与える表示をやめさせ、謝罪広告などを命じるものである。

　前述したように、措置命令は、2009年、景表法の所轄官庁が公取委から消費者庁に移った際に、「排除命令」から名前を変えたものである。さらに、2015年4月からは、自治体もこの措置命令を下せるようになっている。

プロローグ　科学的真実と景表法的真実

図表P-1　大手薬品メーカーA社の広告

消費者庁ホームページ「景品表示法関係公表資料」より。
http://www.caa.go.jp/representation/pdf/140327premiums_7.pdf
「平成26年3月27日　二酸化塩素を利用した空間除菌を標ぼうするグッズ販売業者17社に対する景品表示法に基づく措置命令について」の「別添9〜11」p23。
企業名、企業ロゴマーク、商品名、URLを伏せ字とし、人物写真の顔にぼかしを入れた。

図表P‐2　B社の広告に掲載されていた「科学的根拠」

消費者庁ホームページ「景品表示法関係公表資料」より。
http://www.caa.go.jp/representation/pdf/140327premiums_3.pdf
「平成26年3月27日　二酸化塩素を利用した空間除菌を標ぼうするグッズ販売業者17社に対する景品表示法に基づく措置命令について」の「別紙1～9」p21。

図表P - 3　C社の広告

消費者庁ホームページ「景品表示法関係公表資料」より。
http://www.caa.go.jp/representation/pdf/140327premiums_3.pdf
「平成26年3月27日　二酸化塩素を利用した空間除菌を標ぼうするグッズ販売業者17社に対する景品表示法に基づく措置命令について」の「別紙1～9」p2。
商品名、および商品名をイメージさせる文字を伏せ字とした。

第1章 不実証広告規制と措置命令

▶虫よけ効果を標榜する商品広告に対する措置命令

　空間除菌剤の広告に対する措置命令の約1年後、今度は、虫よけの商品広告を展開する4社に対して措置命令が下された。

　ベランダなどにつりさげておけば蚊などが寄ってこないという切り口の広告だったが、事業者が広告の根拠を示せなかったとして不実証広告規制に引っかかり、措置命令を受けたのである。

　命令までの経緯は次のとおり。

　行政が「期間を定めて、当該表示の裏付けとなる合理的な根拠を示す資料の提出を求めた」ため、事業者は「当該期間内に表示にかかる裏付けとする資料を提出した」が、行政は「当該資料は当該表示の裏付けとなる合理的な根拠を示すものであるとは認められないものであった」と判定し、措置命令となった。

　ところで、措置命令の決定文は、だいたい上記のような締めくくりとなっている。つまり、「合理的な根拠とは認められない」という結論を述べるのみで、何がどう合理的でないのかには全く触れていない場合が多い。

　あまり親切とは言えないやり方だが、この謎を解くには、広告の合理的根拠を問題とする規制に遡って検討するしかない。

▶2003年に導入された不実証広告規制

　広告の合理的根拠を問題とする現在の規制は、2003年の景表法改正の際に導入されたもので、前述したように「不実証広告規制」

と呼ばれる（→22ページ　図表1 - 1）。

　そこでは、合理的根拠と認められるための2つの要件が示されている。

① 提出資料が客観的に実証された内容のものであること
② 表示された効果、性能と提出資料によって実証された内容が適切に対応していること

　以上の2点だ。

　①は「エビデンスとしての適格性」、②は「広告との対応性」と言うことができる。

　このことを、空間除菌剤の例に戻ってわかりやすく説明しよう。

▶エビデンスとしての適格性

　空間除菌剤を販売するD社のウェブサイトには、臭い成分であるアンモニアの除去効果を示すグラフが載せられていた（→34ページ　図表1 - 2）。

　詳細は明らかではないが、10Lのテトラパックの中にアンモニアを入れ、8ppmの二酸化塩素を噴霧したことがわかる。

　こういう場合、エビデンスとしての適格性を満たすには、10Lのテトラパック、8ppmの二酸化塩素といった条件設定が妥当なのかを検討することが必要である。

　仮にここで適格でないと判断されたら、「合理的根拠なし」という結論が出てしまう。詳しくは、次章で掘り下げていこう。

図表1-1　不実証広告規制に関する指針

不当景品類及び不当表示防止法第7条第2項の運用指針
―不実証広告規制に関する指針―

(平成15年10月28日 公正取引委員会)
一部改正 平成28年4月1日 消費者庁

はじめに

　近年、健康、痩身、環境等に対する消費者の関心が高まる中、ダイエット効果を標ぼうする商品や器具、視力回復効果を標ぼうする器具、焼却時にダイオキシンを発生させないと標ぼうする商品等、商品・サービスの有する「性能」やその結果消費者が期待できる「効果」に関する優良性を強調した表示が多くみられるようになってきている。

　これまで、商品・サービスの効果、性能に関する表示について、公正取引委員会が不当景品類及び不当表示防止法(昭和37年法律第134号。以下「景品表示法」という。)に基づき、不当表示として規制するためには、公正取引委員会が専門機関を利用して調査・鑑定等を行い、表示どおりの効果、性能がないことを立証する必要があったため、事業者が当該表示の裏付けとなる合理的な根拠を全く有していない場合でも、行政処分を行うまでに多大な時間を要し、その間に不当表示の疑いのある商品・サービスが販売され続け、その結果として、消費者被害が拡大するおそれがあった。

　このような状況を踏まえ、商品・サービスの内容に関する合理的な根拠のない表示を効果的に規制することを可能とする景品表示法第4条第2項(当時)の新設を含む、「不当景品類及び不当表示防止法の一部を改正する法律(平成15年法律第45号)」が平成15年5月23日に制定・公布され、景品表示法第4条第2項(当時)については平成15年11月23日に施行された。

　本指針は、消費者庁の景品表示法第7条第2項の運用の透明性及び事業者の予見可能性を確保するため、同項の運用について一定の指針を示すことを目的としている。

　なお、本指針は、景品表示法第7条第2項の適用がなされる場合のあらゆる場面を網羅しているわけではなく、事業者が行った表示が同項の適用の対象となるのか、また、事業者から提出された資料が表示の裏付けとなる合理的な根拠を示すものと認められるかどうかについては、本指針において例示されていないものを含め、個別事案ごとに判断されることに留意する必要がある。

消費者庁ホームページ「ガイドライン、運用基準等」より。
http://www.caa.go.jp/representation/pdf/100121premiums_34.pdf
「不当景品類及び不当表示防止法第7条第2項の運用指針－不実証広告規制に関する指針－」全9ページの全文を掲載。

第1　景品表示法第5条第1号により禁止される表示の概要
1　景品表示法の対象となる表示
　景品表示法上の表示とは、商品本体による表示（容器・包装を含む。）、店頭における表示、チラシ広告、新聞・雑誌による広告だけではなく、テレビやインターネットによる広告までも含むものであり、景品表示法は、様々な表示媒体によって一般消費者に対して行われる商品・サービスに関する表示に幅広く適用される（昭和37年6月30日公正取引委員会告示第3号）。
2　景品表示法第5条第1号により禁止される表示
(1)　景品表示法第5条第1号は、商品・サービスの品質、規格その他の内容（以下「商品・サービスの内容」という。）について、一般消費者に対して実際のものよりも著しく優良であると示すこと、又は一般消費者に対して事実に相違して当該事業者と競争関係にある他の事業者に係るものよりも著しく優良であると示すことにより、不当に顧客を誘引し、公正な競争を阻害するおそれがあると認められる表示を不当表示として禁止している。
(2)　景品表示法による不当表示の規制は、不当な顧客の誘引を防止し、一般消費者の適正な商品・サービスの選択を確保することを目的として行われるものであり、「著しく優良であると示す」表示に当たるか否かは、業界の慣行や表示を行う事業者の認識により判断するのではなく、表示の受け手である一般消費者に、「著しく優良」と認識されるか否かという観点から判断される。また、「著しく」とは、当該表示の誇張の程度が、社会一般に許容される程度を超えて、一般消費者による商品・サービスの選択に影響を与える場合をいう。
　すなわち、商品・サービスの内容について、実際のものよりも著しく優良であると示す又は事実に相違して当該事業者と競争関係にある他の事業者に係るものよりも著しく優良であると示す表示とは、一般消費者に対して、社会一般に許容される誇張の程度を超えて、商品・サービスの内容が、実際のもの等よりも著しく優良であると示す表示である。
　このような表示が行われれば、一般消費者は、商品・サービスの内容について誤認することになる。
　なお、「著しく優良であると示す」表示か否かの判断に当たっては、表示上の特定の文章、図表、写真等から一般消費者が受ける印象・認識ではなく、表示内容全体から一般消費者が受ける印象・認識が基準となる。
(3)　消費者庁は、商品・サービスの表示について、景品表示法第5条第1号

に該当するとして規制するためには、当該表示が実際のものとは異なるものであること等の具体的な立証が必要である。

　一方、消費者庁長官は、景品表示法第7条第2項により、当該表示をした事業者に対し、期間を定めて、当該表示の裏付けとなる合理的な根拠を示す資料の提出を求めることができ、この場合において、当該事業者が当該資料を提出しないときは、消費者庁が当該表示について実際のものとは異なるものであること等の具体的な立証を行うまでもなく、当該表示は景品表示法第5条第1号に該当する表示とみなされることになり、景品表示法第7条第2項は、このような法律効果を発生させるものである。

　このため、法運用の透明性と事業者の予見可能性を確保する観点から、以下、景品表示法第7条第2項の適用についての考え方、表示の裏付けとなる資料についての「合理的な根拠」の判断基準等を明らかにすることとする。

第2　景品表示法第7条第2項の適用についての考え方
1　基本的な考え方
(1)　景品表示法第7条第2項の適用対象となる表示とは、景品表示法第5条第1号が適用される商品・サービスの内容に関する表示である。

　商品・サービスの内容に関する表示のうち、例えば、原材料、成分、容量、原産地、等級、住宅等の交通の便、周辺環境のような事項に関する表示については、通常、契約書等の取引上の書類や商品そのもの等の情報を確認することによって、当該表示が実際のものとは異なるものであるか否かを判断できる。

(2)　他方、商品・サービスの内容に関する表示の中でも、痩身効果、空気清浄機能等のような効果、性能に関する表示については、契約書等の取引上の書類や商品そのもの等の情報を確認することだけでは、実際に表示されたとおりの効果、性能があるか否かを客観的に判断することは困難である。

　このような表示について、表示されたとおりの効果、性能があるか否かの立証を行うためには、専門機関による調査・鑑定等が必要となることから、当該表示が実際のものとは異なり景品表示法第5条第1号に該当する場合であっても、当該表示を排除するための行政処分を行うまでに多大な時間を要し、その間にも当該商品・サービスが販売され続け、消費者被害が拡大するおそれがある。

(3) したがって、景品表示法第7条第2項（平成28年4月1日より前は第4条第2項）が規定された趣旨とこのような効果、性能に関する表示に対する立証上の問題点を踏まえ、本運用指針においては、商品・サービスの効果、性能に関する表示に対する同項の適用についての考え方を示すこととする。

2　表示の裏付けとなる合理的な根拠を示す資料の提出を求めることとなる表示例

(1) 景品表示法第7条第2項により、表示の裏付けとなる合理的な根拠を示す資料の提出を求めることとなる商品・サービスの効果、性能の表示としては、例えば、次のようなものが考えられる。

　なお、これは、あくまでも過去の排除命令（景品表示法が消費者庁に移管された平成21年9月1日以降は措置命令）の事例から取りまとめた、平成28年4月1日より前の景品表示法第4条第2項に基づき、表示の裏付けとなる合理的な根拠を示す資料の提出を求める対象となり得る効果、性能に関する表示例であり、ここに示されていないものを含め、具体的な商品・サービスの効果、性能に関する表示が景品表示法第7条第2項の規定に基づき、表示の裏付けとなる合理的な根拠を示す資料の提出を求める対象となるか否かは、個別事案ごとに判断することとなる。

表示の例（商品・サービス）	効果、効能
「○○を使用すると2ミリから3ミリ、3ミリから6ミリ、6ミリから1センチ、1センチから3センチというように、短い期間にすくすく伸びる。」（長身機）	背丈を伸ばす効果
「医学的な原理に基づいて、鼻の大部分を形成している軟骨と筋肉を根本的に矯正するように苦心研究のすえ完成されたもので、隆鼻した…鼻筋が通ってきたなど沢山の報告がある。」（隆鼻器）	鼻を高くする効果
「使えば使うほど切れ味は鋭利になり」「研がなくても25年間、そのすばらしい切れ味は不変」（包丁）	永続的な切断性能
「エンジンに取りつけるだけで25%燃費軽減!…」「…確実に5～25%の燃料カット」（自動車用品）	燃料消費量の節約効果

「81kgの体重をダイエットで66kgまで減量。しかし、それ以上は何をしても無理だったという…そんな彼女も○○での58日間でなんと10kgの減量に成功。3度の食事を欠かさずにこの変化」(痩身効果を標ぼうする美容サービス)	食事制限を伴わない痩身効果
「4.5kg～10kg減量がラクラク!!!」「食前に○○茶を飲む。すると、その11種類の天然植物の成分が後から入ってくる食物中の脂肪分が体に取り込まれないように胃に薄い保護膜を作る。」(茶)	食事制限を伴わない痩身効果
「超音波と電磁波の両方を利用することで、家屋のゴキブリ・ネズミなどをブロックします。○○の電磁波が壁、床下、天井などの電気配線を伝わり、隠れている場所からゴキブリ・ネズミを追い出します。」(ゴキブリ・ネズミ駆除機)	ゴキブリ・ネズミ駆除効果
「ニキビ等どんな肌のトラブルも、リンゴの皮をむくようにスルリと優しくムキ取ります。」「3週間後には顔中にあったニキビが全部ムキ取れて消滅し、今ではすっきりスベスベ肌!」(化粧品)	ニキビ除去効果(短期間でニキビの全くない肌になる効果)

(2) また、商品・サービスの効果、性能に関する表示であって、神秘的内容(「開運」、「金運」等)、主観的内容(「気分爽快」等)、抽象的内容(「健康になる」等)に関する表示であっても、当該表示が一般消費者にとって、当該商品・サービス選択に際しての重要な判断基準となっていると考えられ、さらに、これらの表示内容に加えて具体的かつ著しい便益が主張されている(暗示されている場合も含む。)など、当該商品・サービスの内容について、一般消費者に対し実際のものよりも著しく優良との認識を与えるようなものであれば、景品表示法第5条第1号に該当するおそれがあり、そのような場合には、景品表示法第7条第2項に基づき表示の裏付けとなる合理的な根拠を示す資料の提出を求める対象となり得る。

　他方、上記のような内容の表示のみであって、通常、当該表示から、直ちに、表示された効果、性能について、一般消費者が著しい優良性を認識しないと考えられるものは、景品表示法第5条第1号に該当するおそれはないと考えられるため、景品表示法第7条第2項に基づき表示の裏付けとなる合理的な根拠を示す資料の提出を求める対象とはならない。

第3　「合理的な根拠」の判断基準

1　基本的な考え方
　商品・サービスの効果、性能の著しい優良性を示す表示は、一般消費者に対して強い訴求力を有し、顧客誘引効果が高いものであることから、そのような表示を行う事業者は、当該表示内容を裏付ける合理的な根拠をあらかじめ有しているべきである。
　このような観点から、消費者庁長官が事業者に対し、商品・サービスの効果、性能に関する表示について、景品表示法第5条第1号違反に該当する表示か否か判断するために必要があると認めて、当該表示の裏付けとなる合理的な根拠を示す資料の提出を求めた場合に、当該事業者から提出された資料（以下「提出資料」という。）が当該表示の裏付けとなる合理的な根拠を示すものであると認められるためには、次の二つの要件を満たす必要がある。

① 提出資料が客観的に実証された内容のものであること
② 表示された効果、性能と提出資料によって実証された内容が適切に対応していること

　なお、商品の効果、性能に関する表示は、当該商品の製造業者から得た、商品について効果、性能があるとの情報を基に販売カタログや店舗内表示などにより、販売業者が自ら行うこともある。この場合、販売業者が自ら実証試験・調査等を行うことが常に求められるものではなく、製造業者等が行った実証試験・調査等に係るデータ等が存在するかどうか及びその試験方法・結果の客観性等の確認を販売業者が自ら行ったことを示す書面等を当該表示の裏付けとなる根拠として提出することも可能である。

2　提出資料が客観的に実証された内容のものであること
　提出資料は、表示された具体的な効果、性能が事実であることを説明できるものでなければならず、そのためには、客観的に実証された内容のものである必要がある。
　客観的に実証された内容のものとは、次のいずれかに該当するものである。

① 試験・調査によって得られた結果
② 専門家、専門家団体若しくは専門機関の見解又は学術文献

(1)　試験・調査によって得られた結果

ア 試験・調査によって得られた結果を表示の裏付けとなる根拠として提出する場合、当該試験・調査の方法は、表示された商品・サービスの効果、性能に関連する学術界又は産業界において一般的に認められた方法又は関連分野の専門家多数が認める方法によって実施する必要がある。
<例>

> ・日用雑貨品の抗菌効果試験について、JIS（日本工業規格）に規定する試験方法によって実施したもの。
> ・自動車の燃費効率試験の実施方法について、10・15モード法によって実施したもの。
> ・繊維製品の防炎性能試験について、消防法に基づき指定を受けた検査機関によって実施したもの。

イ 学術界又は産業界において一般的に認められた方法又は関連分野の専門家多数が認める方法が存在しない場合には、当該試験・調査は、社会通念上及び経験則上妥当と認められる方法で実施する必要がある。
　社会通念上及び経験則上妥当と認められる方法が具体的にどのようなものかについては、表示の内容、商品・サービスの特性、関連分野の専門家が妥当と判断するか否か等を総合的に勘案して判断する。

ウ 試験・調査を行った機関が商品・サービスの効果、性能に関する表示を行った事業者とは関係のない第三者（例えば、国公立の試験研究機関等の公的機関、中立的な立場で調査、研究を行う民間機関等）である場合には、一般的に、その試験・調査は、客観的なものであると考えられるが、上記ア又はイの方法で実施されている限り、当該事業者（その関係機関を含む。）が行った試験・調査であっても、当該表示の裏付けとなる根拠として提出することも可能である。……………(A)

エ なお、一部の商品・サービスの効果、性能に関する表示には、消費者の体験談やモニターの意見等を表示の裏付けとなる根拠にしているとみられるものもあるが、これら消費者の体験談やモニターの意見等の実例を収集した調査結果を表示の裏付けとなる根拠として提出する場合には、無作為抽出法で相当数のサンプルを選定し、作為が生じないように考慮して行うなど、統計的に客観性が十分に確保されている必要がある。……………(B)

著者注（A）エビデンスは第三者機関で得たものなら「客観的」という位置づけが与えられる。

<例>

・自社の従業員又はその家族等、販売する商品・サービスに利害関係を有するものの体験談を収集して行う調査は、サンプルの抽出過程において作為的な要素を含んでおり、自社に都合の良い結果となりがちであることから、統計的に客観性が確保されたものとはいえず、客観的に実証されたものとは認められない。

・積極的に体験談を送付してくる利用者は、一般に、商品・サービスの効果、性能に著しく心理的な感銘を受けていることが予想され、その意見は、主観的なものとなりがちなところ、体験談を送付しなかった利用者の意見を調査することなく、一部の利用者から寄せられた体験談のみをサンプル母体とする調査は、無作為なサンプル抽出がなされた統計的に客観性が確保されたものとはいえず、客観的に実証されたものとは認められない。

・広い地域で販売する商品につき、一部の地域において少数のモニターを選定して行った統計調査は、サンプル数が十分でなく、統計的に客観性が確保されたものとはいえず、客観的に実証されたものとは認められない。

※どの程度のサンプル数であれば統計的に客観性が確保されたものといえるかについては、商品・サービス又は表示された効果、性能の特性、表示の影響の範囲及び程度によって異なるため、これらの事項を勘案して個別事案ごとに判断することとなるが、少なくとも、学問上又は表示された効果、性能に関連する専門分野において、客観的な実証に耐える程度のものである必要がある。

(2) 専門家、専門家団体若しくは専門機関の見解又は学術文献
　ア　当該商品・サービス又は表示された効果、性能に関連する分野を専門として実務、研究、調査等を行う専門家、専門家団体又は専門機関(以下「専門家等」という。)による見解又は学術文献を表示の裏付けとなる根拠として提出する場合、その見解又は学術文献は、次のいずれかであれば、客観的に実証されたものと認められる。

① 専門家等が、専門的知見に基づいて当該商品・サービスの表示された効果、性能について客観的に評価した見解又は学術文献で

(B) 体験談をエビデンスにするには無作為抽出法で相当数のサンプルを選定するなど統計学的なテクニックが必要。

> あって、当該専門分野において一般的に認められているもの
> ② 専門家等が、当該商品・サービスとは関わりなく、表示された効果、性能について客観的に評価した見解又は学術文献であって、当該専門分野において一般的に認められているもの

　イ　特定の専門家等による特別な見解である場合、又は画期的な効果、性能等、新しい分野であって専門家等が存在しない場合等当該商品・サービス又は表示された効果、性能に関連する専門分野において一般的には認められていない場合には、その専門家等の見解又は学術文献は客観的に実証されたものとは認められない。
　　この場合、事業者は前記(1)の試験・調査によって、表示された効果、性能を客観的に実証する必要がある。
　ウ　生薬の効果など、試験・調査によっては表示された効果、性能を客観的に実証することは困難であるが、古来からの言い伝え等、長期に亘る多数の人々の経験則によって効果、性能の存在が一般的に認められているものがあるが、このような経験則を表示の裏付けとなる根拠として提出する場合においても、専門家等の見解又は学術文献によってその存在が確認されている必要がある。

3　表示された効果、性能と提出資料によって実証された内容が適切に対応していること
　提出資料が表示の裏付けとなる合理的な根拠を示すものであると認められるためには、前記のように、提出資料が、それ自体として客観的に実証された内容のものであることに加え、表示された効果、性能が提出資料によって実証された内容と適切に対応していなければならない。
　したがって、次の例のとおり、提出資料自体は客観的に実証された内容のものであっても、表示された効果、性能が提出資料によって実証された内容と適切に対応していなければ、当該資料は、当該表示の裏付けとなる合理的な根拠を示すものとは認められない。
　なお、ここで表示された効果、性能とは、文章、写真、試験結果等から引用された数値、イメージ図、消費者の体験談等を含めた表示全体から一般消費者が認識する効果、性能であることに留意する必要がある。
＜例1＞

> ・家屋内の害虫を有効に駆除すると表示する家庭用害虫駆除器につい

て、事業者から、公的機関が実施した試験結果が提出された。
　しかしながら、当該試験結果は、試験用のアクリルケース内において、当該機器によって発生した電磁波が、害虫に対して一時的に回避行動を取らせることを確認したものにすぎず、人の通常の居住環境における実用的な害虫駆除効果があることを実証するものではなかった。
　したがって、上記の表示された効果、性能と提出資料によって実証された内容が適切に対応しているとはいえず、当該提出資料は表示の裏付けとなる合理的な根拠を示すものとは認められない。

<例2>

・あらゆる種類のエンジンオイルに対して10％の燃費向上が期待できると表示する自動車エンジンオイル添加剤について、事業者から、民間の研究機関が実施した試験結果が提出された。
　しかしながら、その試験結果は、特定の高性能エンジンオイルについて燃費が10％向上することを確認したものにすぎず、一般的な品質のエンジンオイルについて同様の効果が得られることを実証するものではなかった。
　したがって、上記の表示された効果、性能と提出資料によって実証された内容が適切に対応しているとはいえず、当該提出資料は表示の裏付けとなる合理的な根拠を示すものとは認められない。

<例3>

・99％の紫外線をカットすると表示する紫外線遮断素材を使用した衣料について、事業者から、当該化学繊維の紫外線遮断効果についての学術文献が提出された。
　しかしながら、当該学術文献は、当該紫外線遮断素材が紫外線を50％遮断することを確認したものにすぎず、紫外線を99％遮断することまで実証するものではなかった。
　したがって、上記の表示された効果、性能と提出資料によって実証された内容が適切に対応しているとはいえず、当該提出資料は表示の裏付けとなる合理的な根拠を示すものとは認められない。

<例4>

・「食べるだけで1か月に5kg痩せます」との見出しに加え、「○○大学△△医学博士の試験で効果は実証済み」との専門家による評価があることを表示することにより、表示全体として、食べるだけで1か月に5kgの減量効果が期待できるとの認識を一般消費者に与えるダイエット食品について、事業者から、美容痩身に関する専門家の見解が提出された。
　しかしながら、当該専門家の見解は、当該食品に含まれる主成分の含有量、一般的な摂取方法及び適度の運動によって脂肪燃焼を促進する効果が期待できることについて確認したものにすぎず、食べるだけで1か月に5kgの減量効果が得られることを実証するものではなかった。
　したがって、表示全体として、食べるだけで1か月に5kgの減量効果が期待できるとの認識を一般消費者に与える表示と、提出資料によって実証された内容が適切に対応しているとはいえず、当該提出資料は表示の裏付けとなる合理的な根拠を示すものとは認められない。

第4　表示の裏付けとなる合理的な根拠を示す資料の提出手続
　景品表示法第7条第2項は、事業者が、消費者庁長官によってあらかじめ設定された期間内に表示の裏付けとなる合理的な根拠を示す資料を提出しないときは、当該事業者が行う当該表示は不当表示とみなされるとの法律効果を発生させる規定である。
　景品表示法第7条第2項の運用に係る手続の透明性を確保する観点から、合理的な根拠を示す資料の提出に係る手続については、次のとおりとする。
1　文書による資料提出の要請
　　消費者庁長官は、景品表示法第5条第1号に該当する表示か否かを判断するため必要があると認め、事業者に対し、景品表示法第7条第2項に基づき、当該表示の裏付けとなる合理的な根拠を示す資料の提出を求める場合には、文書をもって行う。なお、当該文書には、次に掲げる事項を具体的かつ明確に記載する。

> ① 当該事業者がした当該表示内容
> ② 資料の提出先及び提出期限

2 資料の提出期限
 (1) 表示の裏付けとなる合理的な根拠を示す資料の提出期限は、消費者庁長官が、前記1の文書により当該資料の提出を求めた日から、原則として15日後である（不当景品類及び不当表示防止法施行規則（平成28年内閣府令第6号）第7条第2項）。
 (2) 消費者庁長官は、事業者から書面により提出期限の延長の申出があり、正当な事由があると認めた場合には、その提出期限を延長することができる。
　　なお、具体的にどのような理由であれば、正当な事由と認められるかは、個別の事案ごとに判断されることになるが、新たな又は追加的な試験・調査を実施する必要があるなどの理由は、正当な事由とは認められない。

図表1-2　臭い成分の除去効果の説明の一例

クイックシールドの秘密

イヤな臭いを短期間で除去

二酸化塩素は、菌・ウイルスへの反応が速いため、標的とする微生物を数秒で除菌できます。
消臭効果においては、より体感できます。

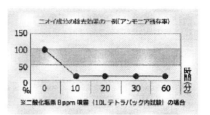

※二酸化塩素 8ppm 噴霧（10Lテトラパック内試験）の場合

二酸化塩素の消臭メカニズム

悪臭の原因は特定の悪臭物質（アンモニア・硫化水素・メチルカプタン・トリメチルアミン・アセトアルデヒド）で、これらが単独もしくは複合して独特の悪臭になります。
二酸化塩素は、この悪臭の分子構造から根本的に分解して無臭化します。

様々な菌種に有効

二酸化塩素は菌・ウイルスへの対応種類が塩素よりも広く、かつ低濃度で効果を発揮します。

消費者庁ホームページ「景品表示法関係公表資料」より。
http://www.caa.go.jp/representation/pdf/140327premiums_4.pdf
「平成26年3月27日　二酸化塩素を利用した空間除菌を標ぼうするグッズ販売業者17社に対する景品表示法に基づく措置命令について」の「別紙10～17及び参考資料」p10。

第2章 広告の合理的根拠／広告との対応性

▶重要先例「LED事件」

　繰り返しになるが、景表法上、商品の性能等をうたう表示には、合理的根拠が求められる。その際に問われるのは、根拠とするデータのエビデンスとしての適格性と、広告表現との対応性である。

　エビデンスの適格性が否定されなければ、次は広告との対応性がチェックされる。

　この点で絶対に見落としてはならない重要先例がある。それは2012年6月14日にLEDランプ販売業者12社に対して下された措置命令である。

　このケースでは、「LED電球は白熱電球60W形相当の明るさで電気代は8分の1」などと広告している事例が問題となった。

　消費者庁の示した考えはこうだ。

① 白熱光は広がりがあり部屋全体をよく照らすのに対し、LEDは広がりがなく直下はよく照らすが部屋全体には及ばない。この光の広がりを全光束(※)という観点から捉えると、LEDの全光束の値は、白熱電球60Wの全光束（810ルーメン）の6割程度（485ルーメン）。

② にもかかわらず、「LEDは白熱電球60W形相当の明るさ」と広告することには合理的根拠がない（→47ページ　図表2-1）。

　第1章で述べたように、圧倒的多数の措置命令は、「広告の根拠が提出されたが合理的根拠とは認められないものであった」と、

取りつく島がない感じの内容になっている。

　だが、この事例では、珍しく、「なぜ合理的根拠と認められないのか」が、別紙に示されている。さらに、措置命令の対象としなかった表示例も複数示し、「どうすれば合理的根拠と認められるのか」について解説している（→48ページ　図表2-2）。

　たとえば、表示例「白熱電球60W形相当の明るさ（直下照度で比較した場合）」のケースは、実測結果に基づき、「白熱電球60W形相当の明るさ」と記載した上で、「（直下照度で比較した場合）」と、前記表示と同一視野に明瞭に表示されていたことで措置命令から除外されている。

※全光束：光源からすべての方向に放射される光の総量。明るさの尺度として使用される。単位はlm（ルーメン）。

▶LED事件が教えるもの──広告の二段構造

　この事件が教えるものは多い。

　まず、前提から確認しておこう。

　この例では、エビデンスの適格性は問題となっていない。措置命令を受けた事例も、セーフになった事例も、エビデンス自体は変わらない。

　訴求ポイントも変わらない。ともに、①「白熱電球60W形相当の明るさ」である。違ったのは、②「直下照度で比較した場合」という設定条件を広告で示したかどうかだ。

　つまり、①だけではエビデンスとの対応性がない（措置命令を受けた会社はそうだった）が、②のような絞り込みがあればエビ

デンスとの対応性が肯定され、セーフになるのである。

　広告を2段構造にすることにより、訴求力の強い表現を生かしつつ、景表法もクリアーできるということだ。

　とても重要なことなので再度まとめておこう。
　第1に、先にエビデンスを超えることを言っても、次に絞り込みがあればOKだ。いわば2段構造型広告である。私はこれをマーケティング手法に進化させ「2段階訴求術」と呼んでいる。
　第2は、その絞り込みの条件である。表示の絞り込みは、訴求力の強い表現と同一視野で、明瞭に表示されていなければならない、ということだ

▶同一視野で明瞭な表示とは？

　では、第2の要件のうち「明瞭な表示」とはどのようなものを指すのだろうか？
　LED事件は、この点については何も述べていない。
　ただ、2008年6月13日に公正取引委員会が行った、打消し表示に関する調査報告によると、最低でも「8ポイント以上の文字の大きさ」(※1)が重要なメルクマール（指標）になると考えてよい（薬事法ドットコムHP(※2)　薬事法ルール集2 - Eを参照）。
　もう1つの「同一視野」はどうか？
　この点を明確に定めたものはないが、行政指導の事例などを見ていると、次のようになると推測できる。

紙媒体：1枚の紙の表に本文があり、その裏面で絞り込みをするパターンは不可だと思われる。雑誌などなら同じ見開きの範囲が同一視野であり、ページをめくるのはダメ。

テレビ：画面にテロップを流すなど、同一画面で見られないと明瞭な表示とは言えないだろう。

Web：PCとスマホで画面の形が違うように、デバイスによって視野が異なる。ただ、どのようなパターンであっても、同時に見られないのはダメだろう。スクロールしなくても絞り込み表現が見られるようにするべきだ。

※1 ポイント：長さの単位（1P＝1/72インチ）。主に文字の大きさや行間など、印刷物等で使用される。ちなみにこのページの本文は10.5ポイント、この注は8.5ポイントに相当する。
※2 薬事法ドットコム：会員制で健康美容医療ビジネスに関するコンサルティングを行う企業。略称YDC。HPのURLはhttp://www.yakujihou.com

▶注記という妙手

広告表現に対する規制をクリアーする「2段階訴求術」は、裏を返せば極めて有効なマーケティング戦術となる。

以前、大手化粧品メーカーの次のような広告表現に目を引かれたことがある。

「世界初*！　重ねたメークをお湯で落とせる化粧下地」

このように、一番であることをうたうのは、非常にインパクトのある表現である。

そこで「へー、世界初の化粧下地なんだ」と思ってよく見てみ

ると、「＊　株式会社Mintel Japanデータベース内　当社調べ」と注記があり、前記表現は大きく絞り込まれていた。

　これが注記の妙である。要は、注を使った２段階訴求術で、最大限強い広告表現を実現しているわけだ。

▶注記の威力と限界

　〝注記という妙手〟の使い方をマスターしておくことは、マーケティング上とても重要だ。

　そのポイントは、「注で絞り込めるレベルのことを本文で言う」という点にある。

　分解すると、第１に、注で絞り込みようがないことを本文では言わない。

　しかし第２に、注で絞り込みようがあることは、それだけを理屈抜きで本文に表現したほうが訴求力が強くなる。

　これを機能性表示食品(＊)の例で説明しよう。

　血糖値が高めの人を被験者としてサプリメントＸの臨床試験を行い、「血糖値が高めの方の血糖値を抑える」という表示で、機能性表示食品として消費者庁に受理されたとする。

　メタボの世界では、検査値に応じて基準が設定されている。糖尿病の検査値の１つである空腹時血糖値に関していうと、70〜109mg/dLが正常、110〜125mg/dLが境界型（ボーダーライン）、126mg/dL以上が病気、という具合だ。

第2章　広告の合理的根拠／広告との対応性

　すなわち、「血糖値が高めの方」といえば、境界型の人を意味する。
　仮に、このサプリメントＸの広告向けに、「糖尿を切る！」というコピーを考えたとしよう。広告本文の「糖尿」という言葉に「＊」（アステリ・マーク）を付け、下のほうで、「糖尿とは血糖値が高めの方を意味します」と注記すればＯＫだろうか。
　サプリメントＸは、血糖値が高めの方についてはエビデンスがある。だが、いくら注を付けても、「糖尿」というワードを「血糖値が高めの方」と絞り込むのは無理だ。
　なぜなら、「糖尿」は社会通念上、糖尿病を意味する。そして、糖尿病とされるのは空腹時血糖値でいえば126㎎/dL以上の人で、「血糖値が高めの方」とは、概念上明確に区別されているからだ。
　社会的にすでに決まっている言葉の定義や行政が決めた定義を、注を付けて自分で変えることはできない。

　他方、「切る」は注での定義付けが可能だ。
　つまり、本文の「切る」に「＊」を付け、下のほうで、「切るとは血糖値の上昇を抑制することを意味します」と注記するのである。
　この注記がないと、「血糖値を下げると誤認される」「血糖値を下げるエビデンスがない」と突っ込まれてしまう。逆に、注記があれば、そのような追及を受けることはない。
　ただ、前述のように、このやり方が可能なのは本文で使っている表現が多義的な場合であり、「定義付けが決まっている場合に

は、注でそれを変えることはできない」ということを忘れてはならない。

※機能性表示食品：2015年4月から始まった新しい制度。一般食品・健康食品について表示とそのエビデンスを消費者庁に届出し、消費者庁が受理すれば、ある程度の効果がうたえるようになる（病気の予防・治療的表現は不可）。

▶空間除菌剤ではどうか？

あらためて、これを空間除菌剤のケースに当てはめて考えてみよう。措置命令を受けたE社の広告には、空間除菌剤の効果のエビデンスとして、グラフが掲示されている（→49ページ　図表2-3）。

まず、二酸化塩素で大腸菌やサルモネラ菌が経時的に減少していくグラフがある。仮に、この広告で本文に、「部屋全体を除菌します」と表現していたらどうだろうか？

E社の示した除菌力のグラフからは、除菌効果がどのような範囲で、あるいは、どんなスケールで発生するのかはわからない。にもかかわらず、「部屋の除菌ができる」と表現してしまうと言い過ぎだ。つまり、注で絞り込めるレベルではないので、エビデンスと広告の対応性でアウトとなる。

では、グラフの左にある「空気中のウイルスを除去・除菌して清潔な空間に！」という表現はどうか。

この場合、実験空間と部屋の空間の条件の違いだけが気になる。

実験室の条件と部屋の空間は同じになることもあれば違うこともある。であれば、この程度のギャップを注で埋めることは可能なように思われる。

つまり、①絶対ありえないことを言っているわけではない。

しかし、②常にそうだというのは言い過ぎになる。

そこで、たとえば「本商品から発せられる二酸化塩素と微生物の関係が実験室での条件と適合する場合。××調べ」というように、前提条件を注記すればよいのではないかと思われる。

▶E社の広告を再検討すると

つまり、除菌効果を示すグラフがエビデンスとして適格なら、「空気中のウイルスを除去・除菌する」は使い得る表現で、措置命令や課徴金を回避できる可能性も高いと言える。

ところが、E社のこの空間除菌剤は携帯タイプであり、次のような広告表現が用いられていた。

「携帯するだけで、1m^3の空間のウイルスやニオイ、花粉をブロックします」

E社の広告に示されていた消臭効果のグラフは、前章のD社の例と同じ、10Lのテトラパック、8ppmの二酸化塩素という条件設定で行われたものだ。

それが身につける空間除菌剤での1m^3の範囲の効果と同一視できるかどうかは疑問であり、証明は難しいのではないかと思われる。これは、やはり注で絞り込めるレベルではない。

このように、広告表現との対応性からエビデンスの使える範囲を見ることは、非常に大切なのである。

▶掃除機の広告に対する措置命令の核心は？

次に、2012年11月28日に措置命令を受けた大手家電メーカーF社の掃除機の事例を見ておこう。

この措置命令は、まず次のように事実認定している。

2010年10月頃から2011年10月頃までの間、F社は自社ウェブサイト上で、当該型式の電気掃除機の排気口付近から室内にイオンが放出されている図を掲載した上で、「ダニのふん・死がいなどの浮遊アレル物質のタンパク質を分解・除去」「約15分で91％作用を低減します。（1m³ボックス内での実験結果）」と表示していた（→50ページ　図表2-4）。

そして、こう結論付ける。

「実際には、本件掃除機は、その排気口付近から放出されるイオンによって本件掃除機を使用した室内の空気中に浮遊するダニ由来のアレルギーの原因となる物質を、アレルギーの原因とならない物質に分解又は除去する性能を有するものではなかった。」

さて、すでに述べてきたように、広告表示が景表法をクリアーする要件は2点ある。

① エビデンスとしての適格性……提出資料が客観的に実証された内容のものであること

② エビデンスと広告との対応性……表示された効果、性能と提出資料によって実証された内容が適切に対応していること

この2点だ。

そして、②は、大きく広げた表現をしていても、同一視野で明瞭に絞り込みがあればクリアーできる。

F社に対する措置命令をどう読むか、難しいところもあるが、「1m³ボックス内での実験結果」という絞り込みが、「約15分で91％作用を低減します」という訴求のすぐそばに置かれていることからすると、②は問題ないと思われる。

そうすると、問題の核心は①にあったと言えそうだ。すなわちこの事件では「**エビデンスとしての適格性**」に問題があったと思われる。このポイントについては、次の第3章で検討したい。

▶２段階訴求術の限界を示した「冷却ベルト事件」

本章で、「２段階訴求術」が景表法対策として有用であることを理解いただけたと思う。

だが、もちろん、２段階訴求術もオールマイティではない。それを示したのが2012年9月6日に措置命令を受けた冷却ベルト事件だ。対象となったのは、冷却ベルトを冷凍庫で凍結させた上で、暑い時に首に巻き付けて冷感効果を得るという商品である。

この事件では、3社の広告が問題とされた。

たとえば、その中の1社は、次のような広告をしていた。

「猛暑炎天下、首筋に心地よい冷感を与えます。

　氷結するジェル袋は保冷時間が長く約2時間30分冷感を持続します（使用状況などにより冷感時間は異なる場合があります）。」

　広告表現を「使用状況などにより冷感時間は異なる場合があります」と絞り込んでいるわけで、やはり2段階訴求術だ。絞り込みの記載場所は訴求文言のすぐそばで明瞭に記載されていて問題はない。
　しかし、この事件もF社の掃除機と同様に、それでも措置命令から除外されることはなかった。
　そして、プラズマ掃除機事件ではどこがいけないのかの説明は全くなかったが、この事件ではそれが詳細に示されている。
　使用状況がどうであれ冷感が2時間30分も続くことはあり得ない。つまり、エビデンスとして不十分というわけだ。
　次章では、この「エビデンスとしての適格性」について掘り下げてみよう。

第 2 章　広告の合理的根拠／広告との対応性

図表 2 - 1　「60W 相当」をうたった LED 電球のパッケージ表示例

消費者庁ホームページ「景品表示法関係公表資料」より。
http://www.caa.go.jp/representation/pdf/120614premiums_5.pdf
「平成 24 年 6 月 14 日　一般照明用 LED ランプ販売業者 12 社に対する景品表示法に基づく措置命令について」の「公表資料 別添 6 〜別添 12」p4。
企業ロゴマークを伏せ字とした。

図表2-2　LED電球の明るさの性能の表示例

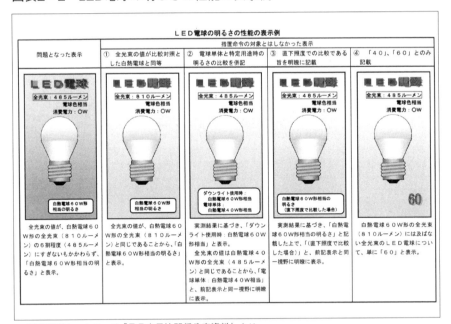

消費者庁ホームページ「景品表示法関係公表資料」より。
http://www.caa.go.jp/representation/pdf/120614premiums_3.pdf
「平成24年6月14日　一般照明用LEDランプ販売業者12社に対する景品表示法に基づく措置命令について」の「公表資料 別紙8～別紙16及び参考資料」p21

第 2 章　広告の合理的根拠／広告との対応性

図表2 - 3　E社の広告でうたわれていた二酸化塩素の効果

消費者庁ホームページ「景品表示法関係公表資料」より。
http://www.caa.go.jp/representation/pdf/140327premiums_3.pdf
「平成 26 年 3 月 27 日　二酸化塩素を利用した空間除菌を標ぼうするグッズ販売業者 17 社に対する景品表示法に基づく措置命令について」の「別紙 1 ～ 9」p16 から「除菌力」「消臭力」に関するグラフを抜粋して掲載。

図表2-4　F社の掃除機のWeb広告

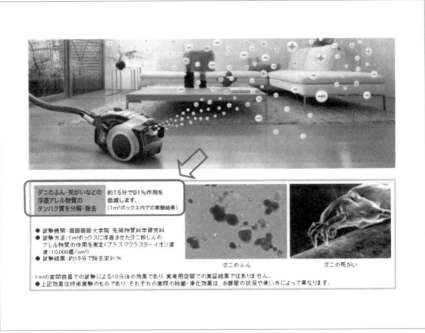

消費者庁ホームページ「景品表示法関係公表資料」より。
http://www.caa.go.jp/representation/pdf/121128premiums_1.pdf
「平成24年11月28日　■■■■株式会社に対する景品表示法に基づく措置命令について」p5より、イメージ写真と効果を表現した部分を抜粋して掲載。

第3章 広告の合理的根拠／エビデンスとしての適格性

▶重要先例「冷却ベルト事件」

　冷却ベルト事件は、エビデンスの適格性を考える上でとても重要な事例だ。

　措置命令を受けた広告は、たとえば持続時間の目安を示しつつ「使用状況により変わることがあります」など絞り込みをかけており、広告との対応性には問題がないように思われる（→60ページ　図表3-1）。

　この事件を重要先例とするのはほかでもない。珍しく、消費者庁が独自に行った試験内容を公開しているからだ。

　この試験は、炎天下で首の冷却効果がどれくらい継続するかについて、人とマネキンを対象として実施された。

(1) 人を対象とした試験
　東京都における2011年8月の各日の午前10時から午後5時までの気象環境の平均値等（気温31.1℃、湿度59％、熱放射800Wh/m²、風速3.2m／秒）を再現した恒温恒湿室において、被験者（18歳から21歳までの男女各5人）が対象商品を首に装着して軽い運動（時速3.2kmで10分間歩行、3分間休憩を繰り返し）を行い、被験者の頸部皮膚温度と対象商品の表面温度の差が0.5℃未満（効果が失われると判断される温度差）となった時間を測定する試験（各1回実施）

(2) サーマルマネキンを対象とした試験

第3章　広告の合理的根拠／エビデンスとしての適格性

> 　東京都における2011年8月の各日の午前10時から午後5時までの気象環境の平均値等（気温31.1℃、湿度59％、熱放射800Wh/㎡、風速3.2m/秒）を再現した恒温恒湿室において、日本人の青年男性の平均的な体型・体格を模したサーマルマネキン（頸部の温度は、人が120W/㎡相当の運動を10分間行ったときの体温の平均値（34.4℃）に設定）の頸部に対象商品を装着し、頸部と対象商品の表面温度の差が0.5℃未満（効果が失われると判断される温度差）となった時間を測定する試験（3回実施）

　実験の結果から、消費者庁は次のように結論付けている。
　効果が実質的に失われると認められるまでの時間は、人を対象とした試験においては平均で約1時間49分、サーマルマネキンを対象とした試験においては平均で約1時間45分であり、夏季の晴天時に人が装着して屋外で軽い運動を行った場合の効果持続時間は、表示（2時間30分、あるいは120分など）を相当程度下回ると認められるものであった。

▶冷却ベルト事件が教えるもの

　この事件から学ぶべきものも多い。
　まず、消費者庁が示した試験のサンプル数だ。人対象の試験では5人。マネキン対象の試験では3件。この3とか5という数字は、最低限の例数としていろいろなケースに使われる。

たとえば、血圧測定。測定状態でずいぶん差が出るので、3回測定して真ん中の数値（「中央値」と呼ばれる）を採用することが多い。また、生命体に対する効果を特許出願するときなどは、動物実験を5例行うことが多い。
　このように、世間でよく行われることが追認されている感じだ。
　次に、何を値とするかについては平均値。最も単純な値だ。
　平均値と言えば、標準偏差や標準誤差まで計算してその値の信頼性を精査するようなことも可能だが、その手の複雑な手法ではなく、小学生でもわかる「単純な平均値で良し」としている。
　このケースの商品、冷却ベルトは、法的なカテゴリーで言えば雑貨だ。雑貨の効果のエビデンス作りには大いに参考になる。

▶機能性表示食品からエビデンス適格を読み取る

　雑貨のエビデンス作りは、少なくとも冷却ベルトのような表面的な効果を訴求するものである限り容易だと言える。
　その対極にあるのが、いわゆる健康食品だ。健康食品はそもそも薬事法[※1]の規制で、原則、効果を言えないのだが、大きな例外が2つある。
　1つは、国の制度として認められているトクホ（特定保健用食品）と機能性表示食品、もう1つは、置き換えダイエットである。食事をカロリーが低いものに変えることで痩せるという効果をうたうことは、1985年の厚生省通知により認められている（薬事法ドットコムHP：薬事法ルール集3 - H）。

機能性表示食品は2015年4月から始まった制度だが、ガイドラインがあり、また、1年で300件近い事例もあるので運用の実態もわかっている。

　厳密にいうと、景表法を仕切るのは消費者庁の中の表示対策課で、機能性表示食品を仕切るのは同じ消費者庁の中の食品表示企画課だ。課は異なるが、食品表示企画課の運用方針は景表法にも大きな影響を与えることは間違いない。

　その運用によれば、プラセボ（効果のない偽薬）を使ってダブルブラインド（二重盲験）(※2)の試験を行い、本物とプラセボの間で、統計上有意な差がなければならない。

　統計上の有意差とは、アバウトに言うと、100回試験して95回以上差が出る結果になることと考えられる。有意差がある場合は、「P＜0.05」と示す。差が出る結果にならない確率は5％以下という意味だ。

　試験は原則12週間行う。有意差の有無が最大のポイントで、被験者数は問わない（ただ、被験者数が少ないと有意差は出にくい）。

　以上が、消費者庁の考えているであろうエビデンスの大枠だ（細かい例外はいろいろあるが、ここでは割愛しておく）。

　いずれにせよ、これまで、冷却ベルト事件を除き、エビデンスの考え方を消費者庁が具体的に示すことはなかったが、機能性表示食品に関しては、その考え方がガイドラインおよび個別事例で示されている。エビデンスとしての適格性について、ここから読み取れるものは少なくない。

※1　薬事法：現在「医薬品、医療機器等の品質、有効性及び安全性の確保等に関する法律」という名称となり、「薬機法」と略されるが、本書では馴染みの深い「薬事法」という表記を用いている。医薬品等の品質や安全性の確保、危害の発生・拡大の防止のために規制を行う。
※2　ダブルブラインドの試験：どちらが本物でどちらがプラセボ（偽薬）か、被験者だけでなく試験に関わっているすべての人にわからないようにして行う試験。

▶置き換えダイエット

　ちなみに、私は、本書執筆時点で、機能性表示食品の届出にも40件近く関わっており、エビデンスに対して消費者庁がどういう考え方をしているのか、決して表には出てこない運用上の考え方について日々情報を得ている。

　置き換えダイエットのエビデンス作りも、機能性表示食品に準じて考える必要がある。つまり、原則12週の試験で、有意差があったか否かが決め手となる。

　ただ、置き換えダイエットは、食事をカロリーが低いものに変えることによって痩せるというロジックであり、何かの成分で痩せるということではない。特定の成分を除いたプラセボとの比較はできないので、この場合の試験は、本物を摂取する前と12週摂取した後の前後比較試験となる。

▶体験談のエビデンスに関する2013年12月24日の消費者庁通知

　健康食品を対象としたものではあるが、2013年（平成25年）12月24日の消費者庁通知は、体験談のエビデンスについて述べてお

り、とても重要だ（→61ページ　図表3-2）。

　つまり、体験談が事実として存在するとしても、都合のよい体験談やコメントばかりを引用しているような場合は違反とされる。従来、「体験談は捏造さえしなければよい」というような考え方もあったが、それだけではなく、「それが例外ではない」ことの証明も必要というわけだ。

　たとえば、ダイエットサプリで「Aさん、2ヵ月で−10キロ」というような広告をする場合、「Aさんが本当に2ヵ月で10キロ瘦せた」ことの証明だけではなく、「それが例外でない」ということの証明も必要になるのである。

　後者の「例外でない」ことの証明は、統計学のロジックを用いることで説得力を増す。

　たとえば、臨床試験を行い、その結果を統計処理したところ、図表3-3（→62ページ）のような正規分布図（値が平均値を中心として左右対称になる図）が描け、「−10キロはその中の95％ゾーンに入る」という説明が可能なら、−10キロは例外とは言えないわけだ。正規分布を前提とすると、値の95％は平均値±標準偏差×2のゾーンに入るからだ。

▶エビデンスとしての適格性をめぐる凌ぎあい

　措置命令絡みの案件に40件近く携わった経験から言うと、エビデンスの適格性に対する消費者庁の見方は年々厳しくなっている。言い換えれば、消費者庁の規制レベルはどんどんアップして

きているのだ。

たとえば、前述の冷却ベルト事件。現在この事件が出てきたら消費者庁は当時よりも高度なエビデンスを要求すると思う。

報道によれば、エビデンスのチェックについて消費者庁は専門家委員会(※)を作り、より精度を高める方針だ。事業者の皆さんは、私が持っている最新の現場情報をもとに消費者庁のレベルにキャッチアップすることが必要である。

※専門家委員会：公的な行政府の諮問機関として具体的なビジョンの策定等に関わり、助言を与える有識者の組織。この場合は消費者庁に助言を行う。

▶統計学による理論武装

重要なので何度も繰り返すが、表示（広告）の合理的根拠が認められるポイントは、①エビデンスとしての適格性と、②広告との対応性だ。この2つのうち、広告との対応性はエビデンスと広告表現の論理的関係を考えるという「論理的作業」だが、エビデンスとしての適格性は「自然科学的作業」だ。

消費者庁は明言していないので、あくまで推測にはなるが、空間除菌剤事件では、事業者が広告との対応性をクリアーできていなかった。そして、プラズマ掃除機事件ではエビデンスとしての適格性をクリアーできていなかったというのが私の見立てだ。

①エビデンスとしての適格性に関しては、「実験していい結果が出なかったなら、しかたないではないか」と思う読者もいるか

もしれない。

　だが、話はそんなに単純ではない。

　消費者庁を納得させる理論武装がしっかりできていれば、簡単には措置命令に至らない。そこでポイントとなるのが統計学だ。統計学は、生データという素顔をきれいに見せてくれるメイクアップ術のような働きをする。

　私は、景表法がらみのエビデンス作りに関与している中で、そのことを痛感した。そこで、統計学の書物を読み漁ったり、ハーバード大学メディカルスクールのオンラインコースを受講したりして、統計学や医療統計の知識を得た。

　その後、ボディメイクジムや痩身エステの広告でエビデンス作りに関与したが、その際は、エビデンスに対して統計学による理論武装を施した。そのことが、前例のないビフォーアフター広告を渋るテレビ局を説得したり、オンエアする前に行政側の感触を聞いたりする上でとても役立った。

　統計学は、限られたサンプル（標本）から何を導き出せるのかを推計する。この推計が腕の見せどころだ。

　プラズマ掃除機事件でどのようなエビデンスが提出されたのかはわからないが、②広告との対応性については周到な配慮が行われているので、①エビデンスとしての適格性について、統計学を用いてしっかり理論武装しておけば、措置命令には至らなかったのではないかという気がしてならない。

図表3‐1 冷却ベルトの広告例

消費者庁ホームページ「景品表示法関係公表資料」より。
http://www.caa.go.jp/representation/pdf/120906premiums_1.pdf
「平成24年9月6日 冷却ベルト販売業者3社に対する景品表示法に基づく措置命令について」
p16。企業ロゴマークおよび商品名の一部を伏せ字とした。

図表3-2 「いわゆる健康食品に関する景品表示法及び健康増進法上の留意事項について（案）」に対する意見募集の結果について

意見募集時点（平成25年11月1日）からの主な変更点（新旧対照表）

変更後	変更前
2 健康増進法について ①事実に相違する表示 　「事実に相違する」とは、広告等に表示されている健康保持増進効果等と実際の健康保持増進効果等が異なることを指す。このため、例えば、十分な実験結果等の根拠が存在しないにもかかわらず、「3か月間で○キログラムやせることが実証されています。」と表示する場合や、<u>体験談そのものや体験者、推薦者が存在しないにもかかわらず、体験談をねつ造等した場合、又は</u>ねつ造された資料を表示した場合等は、これに該当することとなる。	2 健康増進法について ①事実に相違する表示 　「事実に相違する」とは、広告等に表示されている健康保持増進効果等と実際の健康保持増進効果等が異なることを指す。このため、例えば、十分な実験結果等の根拠が存在しないにもかかわらず、「3か月間で○キログラムやせることが実証されています。」と表示する場合や、体験談をねつ造等し、又はねつ造された資料を表示した場合等は、これに該当することとなる。
②人を誤認させる表示 　「人を誤認させる」とは、食品等の広告等から一般消費者が認識することとなる健康保持増進効果等の「印象」や「期待感」と実際の健康保持増進効果等に相違があることを指す。 　なお、かかる判断においては、当該表示を見て一般消費者が受ける「印象」、「期待感」と実際のものに相違があると認められれば、誤認したという結果まで必要としない。このため、 …（略）… ・<u>体験者、体験談は存在するものの、一部の都合の良い体験談のみや体験者の都合の良いコメントのみを引用するなどして、誰でも容易に同様の効果が期待できるかのような表示がされている</u> …（略）… 場合などは、一般的にこれに該当する。	②人を誤認させる表示 　「人を誤認させる」とは、食品等の広告等から一般消費者が認識することとなる健康保持増進効果等の「印象」や「期待感」と実際の健康保持増進効果等に相違があることを指す。 　なお、かかる判断においては、当該表示を見て一般消費者が受ける「印象」、「期待感」と実際のものに相違があると認められれば、誤認したという結果まで必要としない。このため、 …（略）… 場合などは、一般的にこれに該当する。

消費者庁ホームページより。
http://www.caa.go.jp/representation/pdf/131224premiums_1.pdf
「いわゆる健康食品に関する景品表示法及び健康増進法上の留意事項について（案）に対する意見募集の結果について」p4～5の一部を抜粋して掲載。

図表3-3 「Aさんの−10kgが例外ではない」という表現が可能になる正規分布図

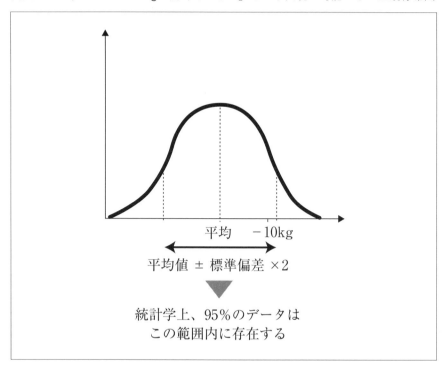

第4章 不実証広告規制の手続きフロー

▶措置命令に関する不実証広告規制の手続きフロー

　商品の内容についてうその表示をした「優良誤認」ではないことを、事業者自身に証明させる制度が、2003年に始まった不実証広告規制だ。

　まず措置命令に関して言うと、不実証広告規制の手続きフローは原則として次のような流れを辿る。

①合理的根拠の提出要求が来る（→69ページ　図表4 - 1）
　↓
②回　答
　↓不十分とされた場合
③最後の弁明の機会付与（→71ページ　図表4 - 2）
　↓弁明が認められない場合
④措置命令

▶フローの解説

　①の合理的根拠の提出要求が来る前に、消費者庁からメールが届くこともある（→73ページ　図表4 - 3）。

　このメールを受けて広告を修正するか、きっちりエビデンスを取ってそれがわかるようにしておけば、合理的根拠の提出要求が来ることはない。

　ただ、合理的根拠の提出要求の前に、必ずこういうメールが来

るとは限らず、いきなり、提出要求の郵便が届くことも珍しくない。また、初めに報告書のひな形が来て、事業概要について報告を求められることもある（→75ページ　図表4-4）。

　提出要求から回答書提出までの期限は、原則15日だ。
　この間に慌ててエビデンスを作るようなこともあるが、提出要求後に作られたエビデンスは無効とされるケースもある。このあたりのルールは明文化されておらず、おおむねそのように運用されているということだ。

　提出した回答が十分だと認められれば、それで一件落着になる。しかし、回答書が不十分とされた場合は、行政指導として注意処分が下るか、措置命令かという流れになる。
　措置命令の前には「何か弁明したいことはあるか？」と聞いてくる。ただし、これは行政手続法上要求されている儀式のような手続きで、ここで何を弁明しても、実際に認められる確率は低い。

　この間に要する期間は、だいたい3ヵ月から6ヵ月。したがって、半年ぐらい何もなければ、回答書が十分と認められたことを意味し、それ以後は何もない。ただし、セーフだったという通知が来ることはない。

　行政指導で終わる場合、以上のやりとりがあった事実は全く表には出ない。違反が、たとえばホームページにあったならばそれ

を修正し、以後同じ過ちを犯さないために、後述するコンプライアンス体制を整えることを約束して終わる（体制を実行していることの報告が求められることもある）。

他方、回答書が不十分とされて弁明に至った場合は、それから数ヵ月して措置命令が下る。措置命令では、広告の修正のほか、謝罪広告を日刊紙に掲載すること、ホームページのトップページにその旨を記載すること（具体的な場所が指定される）、コンプライアンス体制を整備することが求められる。

また、措置命令はプレスリリースされるので、メディアで報道されることになる。事業者の意図にかかわらず、「うその広告をした」というニュアンスで報道されるので、それを見た消費者から「うそなら買わなかった。お金を返して」と返金要求が来ることもある。

措置命令を受けた企業の中には、返金の財源として5億円ぐらい用意した事例もある。

▶措置命令を争う場合

命令に不服がある場合に、事業者は争うことはできるのか？
措置命令を争う場合、手続きは2つある。
① 消費者庁に対する異議申立て（60日以内）
② 国に対する取消訴訟（6ヵ月以内）

以上の2つだ。

公取委の時代、2009年2月3日に、消臭成分「シャンピニオンエキス」を含有するサプリの消臭効果をうたう広告に対して下された排除命令について、メーカーのリコム社が審判請求を求めたケースがある。だが、2010年3月3日の審決において、リコム社は排除命令の対象とされていないので争う資格がないとして、門前払いの審決が下されている（→79ページ　図表4-5）。

措置命令が覆ったケースは私の知る限り存在しない。

▶課徴金の場合のフロー

では、2016年4月にスタートした課徴金ではどうなるか？

実務的に言うと、消費者庁から合理的根拠の提出要求が来た場合、今までは、措置命令のみが懸念された。だが今後は、同時に課徴金も懸念されることになった（措置命令は自治体も課すことができるが、課徴金は消費者庁しか課すことはできない）。

いわばダブルで制裁を受けることになるので、合理的根拠の提出要求が来て背筋が寒くなる度合いが倍増するという感じだ。

課徴金のケースも、優良誤認＝不実証広告規制については同じ流れだ。ただし、措置命令と違って行政指導がないので、不正があるとにらまれたら、課徴金はほぼ免れない。

そんな怖い思いをしたくなければ、私が勧める3つのスキーム、つまり、性能や効果を訴求するエビデンスを用意し、

① エビデンスとしての適格性を備えること

② エビデンスと広告の対応性をチェックすること
③ 景表法コンプライアンス体制を備えておくこと
　以上を普段からきっちり実践しておくことだ。
　2016年4月早々、課徴金をにらんで合理的根拠の提出要求が来た事例がある。この新しい報告書の書式は、以前（→75ページ　図表4-4）より売上欄を細かく記入させるようになっているのが特徴的だ（→81ページ　図表4-6）。

第4章　不実証広告規制の手続きフロー

図表4-1　広告内容について合理的根拠の提出を求める「資料提出要求書」

消表対第■■号
平成28年■月■■日

資　料　提　出　要　求　書

株式会社　■■■■
　代表取締役　■■■■

消費者庁長官　板東　久美子

　不当景品類及び不当表示防止法（昭和37年法律第134号。以下「景品表示法」という。）第4条第2項の規定に基づき、下記1の表示について、その裏付けとなる合理的な根拠を示す資料の提出を求めますので、下記2の提出期限までに下記3の提出先に下記4の留意事項に則して当該資料を提出してください。
　なお、この資料提出要求は、景品表示法第4条第2項の規定に基づくものであり、前記資料を提出しないとき（合理的な根拠を示す資料とは認められないものを提出したときを含む。）は、同項の規定により、下記1の表示は同条第1項第1号に該当する表示とみなされます。

記

1　資料の提出を求める表示
　　別添の表示物のうち、別紙記載の表示

2　資料の提出期限
　　平成28年■月■■日

3　資料の提出先及び本件の照会先
　　〒100-6178
　　東京都千代田区永田町2-11-1　山王パークタワー5階
　　　消費者庁表示対策課
　　　　電話　03-3507-9235

実際に事業者が受け取った通知。書類番号、日付、企業名・代表者名を伏せ字とした。

別　紙

　平成２７年９月以降の貴社のウェブサイトにおける下記の１及び２の表示について、それぞれその裏付けとなる合理的な根拠を示す資料を提出してください。

第4章　不実証広告規制の手続きフロー

図表4-2　弁明の機会の付与を伝える通知

消　表　対　第　■　号
平成25年■月■日

株式会社■■■■■■
　代表取締役　■■■■殿

消費者庁長官　阿南　久

弁明の機会の付与について（通知）

　当庁は、貴社に対し、不当景品類及び不当表示防止法（昭和37年法律第134号）第6条の規定に基づく命令（以下、「措置命令」という。）をすることを予定していることから、下記のとおり、行政手続き法（平成5年法律第88号）第13条第1項第2号に規定する弁明の機会の付与を行いますので、通知します。

記

1　弁明の機会の付与
　(1)　予定される措置命令の内容
　　　別紙のとおり
　(2)　弁明の方法
　　　貴社は、前記(1)の予定される措置命令の内容について弁明しようとするときは、弁明を記載した書面（以下「弁明書」という。）及び証拠を提出することができます。
　(3)　弁明書及び証拠の提出先並びに本件の照会先
　　　〒100-6178
　　　東京都千代田区永田町2-11-1　山王パークタワー5階
　　　消費者庁　表示対策課　食品表示対策室
　　　電話　03-3507-9122
　(4)　弁明書及び証拠の提出期限
　　　平成25年■月■日

実際に事業者が受け取った通知の内容。書類番号、日付、企業名・代表者名を伏せ字とした。

2 弁明に当たっての留意事項
（1） 弁明書には、貴社の名称及び所在地を記載し、代表者は代理人の記名押印をしてください。
（2） 証拠を提出するときは、証明すべき事項を明らかにしてください。
（3） 弁明をするに当たって代理人を選任する場合は、代理人の氏名及び住所並びに当該代理人に本件の弁明に関する一切の行為をすることを委任する旨を明示した書面を提示してください。
（4） 当庁は、特に必要があると認める場合には、口頭による弁明を求めますので、貴社が弁明書の提出に付して、平成２５年■月■日までに、消費者庁表示対策課食品表示対策室に申し出てください。

第4章　不実証広告規制の手続きフロー

図表4-3　合理的根拠の提出を求められる前に来る場合もあるメールの文例

平成■■年■月■■日
消　費　者　庁

「不当景品類及び不当表示防止法」遵守について

1　消費庁は、消費者向け電子商取引（以下「BtoC取引」といいます。）における表示の適正化への取組の一環として、ウェブページ上の広告表示について「不当景品類及び不当表示防止法」（以下「景品表示法」といいます。）の観点から点検し、その結果、不当表示につながるおそれがあると考えられるサイトに対して、景品表示法の遵守について啓発するメールを送信しております。
　今般、ウェブページ上の広告表示のうち、<u>商品の内容についての表示</u>に関して点検した結果、貴社の下記のサイトに不当表示につながるおそれがある表示がありましたので、景品表示法の遵守について啓発するメールを送信することとしました。
　　問題となる表示があるページのアドレス
　　http://■■■.com/
　貴社におかれましては、<u>今後、広告表示を行う際、次項2に、十分留意した上、ウェブページ上の広告表示の適正化を図り、一般消費者の誤認を招くことのないよう努めてください。</u>
　なお、商品の効果・性能に関する表示について、景品表示法第4条第2項の運用の透明性及び事業者の予見可能性を確保するため、「不当景品類及び不当表示防止法第4条第2項の運用指針―不実証広告規制に関する指針―」（以下「不実証広告規制指針」といいます。）が策定されていますので、効果・性能に関する表示を行うに際しては、この不実証広告規制指針を参照してください。(http://www.caa.go.jp/representation/pdf/100121premiums_34.pdf)

注：　景品表示法では、第4条第1項で、自己の供給する商品の取引について、①品質、規格その他の内容に係る不当な表示、②価格その他の取引条件に係る不当な表示および③内閣総理大臣が指定する不当な表示を禁止しており、また、第4条第2項で、消費者庁長官が商品の内容について実際のもの等よりも著しく有料であると示す表示に該当するか否かを判断するために必要があると認めるときは、当該表示をした事業者に対し、期間を定めて表示の裏付けとなる合理的な根拠を示す資料の提出を求め、当該資料が提出されないなどの場合、当該表示は不当とみなされる旨規定しております。
　なお、当庁がウェブページ上の広告表示について景品表示法に違反していると認定した場合には、当該広告表示の差止め等の行政処分を行うことがあ

実際に事業者が受けとったメール文より。書類番号、日付、企業名・代表者名を伏せ字とした。

ります。
　景品表示法の関係条文については、当庁のウェブサイトを参照してください。
景品表示法条文
　(http://www.caa.go.jp/representation/pdf/090901premiums_1.pdf)
景品表示法パンフレット
　(http://www.caa.go.jp/representation/pdf/110914premiums_1.pdf)

2　効果・性能を標ぼうする広告表示を行う際は、以下の点に留意してください。
　商品の内容については、客観的根拠に基づき正確かつ明りょうに表示する必要があり、商品の効果・性能を標ぼうする場合には、①根拠がないにもかかわらず効果・性能があるかのように一般消費者に示す表示を行ってはならず、②効果・性能に関する表示を行う場合には、その根拠となる実験結果、データ等を用意しておく必要があります。また、BtoC取引においては消費者にとってウェブページ上の表示が唯一の情報源となるものであるという特徴を踏まえれば、効果・性能の根拠となる実験結果、データ等をウェブページ上に表示することが望ましいといえます（「不実証広告規制指針」第2景品表示法第4条第2項の適用についての考え方　2表示の裏付けとなる合理的な根拠を示す資料の提出を求めることとなる表示例　を参照してください。）。
　加えて、商品の効果・性能を強調するために、利用者の体験談、専門家等の推薦、実験データ等の商品の信用・推奨についての表示を行う場合には、これらが具体的にどのような条件で実施されたものなのか等を表示する必要があります（「不実証広告規制指針」第3「合理的な根拠」の判断基準　2提出資料が客観的に実証された内容のものであること　を参照してください。）。

　このメールについての御不明な点やお問い合わせは、下記アドレスにe-mailでお寄せください。

・・・・・・・・・・・・・
消費者庁
表示対策課　電子商担当
e-mail：g.hyojitaisaku@caa.go.jp
東京都千代田区永田町2-11-1
電話：03-3507-8800（代表）
・・・・・・・・・・・・・

第4章 不実証広告規制の手続きフロー

図表4-4 消費者庁への「報告書」の書式

平成　年　月　日

消費者庁表示対策課　御中

会社名　_____
報告書作成者氏名　_____ ㊞
所属部署・役職　_____
連絡先電話番号　_____
FAX番号　_____

報　告　書

1　会社概要
　　※　組織図及び会社概要が分かるパンフレットがあれば提出してください。

(1)　会　社　名　_____

(2)　本社所在地　_____
　　　（商業登記上の本店所在地）_____

(3)　代表者氏名・役職　_____

(4)　設立年月日　_____　年　月　日

(5)　資　本　金　_____　万円（　　　　　年　月　日現在）

(6)　従業員数　_____　人（うち正社員以外の従業員　　　人）

(7)　事業年度　_____　月　日～　　月　日（今期：　　期）

(8)　ホームページアドレス　_____

(9)　事業内容
　　　上記の事業内容のうち、売上高の高い順に3つ記載し、それぞれ、貴社の総売上高に占める割合を下記（　%）内に記載してください。なお、記載に当たっては直近年度の数値を記載してください。

　　　1　_____（　　%）、2　_____（　　%）、3　_____（　　%）

1

(10) 年間売上高

貴社の年間売上高を直近3期分について記載してください。

決算年度	平成　年　月 （　　　期）	平成　年　月 （　　　期）	平成　年　月 （　　　期）
売上高			

2　貴社が販売している　　　　　　　　　　　　　　　（以下「本件商品」という。）について

(1) 本件商品の販売状況等を以下の表に記載して下さい。

販売単価	販売開始時期	平成　年度 （　月～　月）	平成　年度 （　月～　月）	平成　年 （　月～　月）	平成　年度 （　月～　月）	販売開始からの累計
		販売数量	販売数量	販売数量	販売数量	販売数量
		販売金額	販売金額	販売金額	販売金額	販売金額

注1）年度は貴社の事業年度に合わせてください。
注2）金額は税込金額を記載してください。
注3）販売単価が途中で改定されている場合には、その変遷が分かるようにご記載ください。

(2) 本件商品の仕入れに係る仕入業者及び製造会社等について記載してください。

種別	会社名	住所	連絡先 電話番号	役職・担当者	仕入れ時の商品名
【記載例】 製造会社	㈱○○製薬	東京都千代田区永田町 X-XX	03-1234-XXXX	営業部長 ●●●●	××××
製造会社					
仕入業者（卸）					
卸売業者					

(3) 流通経路について

貴社が販売する本件商品の流通経路について，記載例を参考に，それぞれ図示してください。

第4章　不実証広告規制の手続きフロー

（注）流通経路ごとに，それぞれの売上高比率を記載例のとおり記載してください。

(4) 本件商品に関するウェブサイト、新聞折り込みチラシ等の表示状況等について、表示物ごとに下表にそれぞれ記載してください（例えば、複数のウェブサイトにおいて表示している場合は各々について記載してください）。
　　また、広告の現物を、それぞれ、各1部ずつ（下表のどの番号に対応するか分かるようにしてください。）提出してください（ウェブサイトの広告は紙にカラー印刷したものもしくは画像データをCD-R等に保存したもの）。

番号	広告媒体名	表示期間		配布（広告）地域	配布枚数等
		表示開始時期	表示終了時期		
記載例	新聞折り込みチラシ（●●新聞）	平成●●年●●月●●日	―	全国	●●万部
記載例	ウェブサイト（アドレス：●●）	平成●●年●●月●●日	平成●●年●●月●●日	―	―
1					
2					
3					
4					

(5) 上記（3）に記載の表示物について、①貴社におけるウェブサイトへの掲載等に係る最終決定者について記載して下さい。また、表示物を掲載するに当たり、貴社以外の者から画像の提供を受けた場合、②当該画像の作成者、③貴社への提供会社について記載し、提供を受けた画像のデータを

3

提出してください。
① 貴社
　　表示内容最終決定者の部署・役職・氏名 _____
② 画像作成会社
　　会社名・作成部署・作成担当者名_____
③ 画像提供会社
　　会社名・作成部署・作成担当者名_____

3　本件商品に関する表示について

(1) 本件商品に係る新聞折込チラシ等の広告の根拠となったものを提出してください。
　　なお、根拠資料を有していない場合はその旨回答してください。

(2) 本件商品のパッケージ（表裏共）が確認できるもの（写真やコピー等）を添付してください。

第4章　不実証広告規制の手続きフロー

図表4-5　株式会社リコムの審判請求に対する審決の概要

審　　決

　公正取引委員会は，上記審判請求人（著者注：リコム側）に対する消費者庁及び消費者委員会設置法の施行に伴う関係法律の整備に関する法律（平成21年法律第49号）附則第6条第3項ただし書の規定によりなお従前の例によることとされる同法による改正前の不当景品類及び不当表示防止法（以下「景品表示法」という。）に基づく平成21年（判）第10号ないし第16号審判事件について，公正取引委員会の審判に関する規則（平成17年公正取引委員会規則第8号。以下「規則」という。）第73条の規定により審判長審判官大久保正道，審判官真渕博及び審判官酒井紀子から提出された事件記録及び規則第75条の規定により審判請求人から提出された異議の申立書に基づいて，同審判官らから提出された別紙審決案を調査し，次のとおり審決する。

主　　文
審判請求人の各審判請求をいずれも却下する。

理　　由
1　当委員会の認定した事実，判断及び法令の適用は，いずれも別紙審決案の理由第1ないし第7と同一であるから，これらを引用する。
2　よって，審判請求人に対し，私的独占の禁止及び公正取引の確保に関する法律第66条第1項，景品表示法第6条第2項及び規則第78条第1項の規定により，主文のとおり審決する。

平成22年2月24日

別紙審決案に示されていた審判請求却下理由（著者抜粋）

……前略……
　本件各処分は，7社に対して措置を講じることを命ずるものであって，審判請求人に対し何ら措置を命じるものではない。また，本件各処分は，本件各商品の販売に当たり，7社が行った本件各表示がいずれも景品表示法第4条第2項の規定により同条第1項第1号に該当する表示とみなされ

公正取引委員会ホームページ「報道発表資料」より。
http://www.jftc.go.jp/houdou/pressrelease/h22/feb/10022602.files/10022602shinketu.pdf
「平成22年2月26日　株式会社リコムに対する審決について」の「審決書」より抜粋して掲載。

ることから，本件各表示が実際のものよりも著しく優良であると示すものである旨を一般消費者に対し公示すること，今後本件各商品又はこれと同種の商品の取引に関し表示の裏付けとなる合理的な根拠をあらかじめ有することなく本件各表示と同様の表示をしてはならないこと等を命じるものである。つまり，本件各処分は，本件各商品に係る取引自体を禁ずるものではないし，まして本件各商品の原材料であるシャンピニオンエキスそのものの取引について何ら措置を命じるものでもない。

……中略……

　本件表示が不当表示に該当するとの判断に至る理由中における商品の効果・性能に関する判断は，あくまでも理由中の判断にすぎないから，かかる理由中の判断は何ら確定力を有するものではない。加えて，本件各処分は，「7社が提出した資料は，7社が販売する商品（本件各商品）について行った表示の裏付けとなる合理的な根拠を示す資料とは認められない」との判断をしたにすぎないものであり，シャンピニオンエキスの効果そのものについて判断したものでもない。また，本件各処分によって確定されるのは，本件各商品（シャンピニオンエキスを含有する錠剤状又はカプセル状の食品）に関する本件各表示が不当表示であったことに尽き，かつ，その拘束を受けるのは7社のみであって，シャンピニオンエキス自体の性能・効果は何ら確定されるものではない。

……中略……

ウ　以上のとおりであるから，審判請求人がシャンピニオンエキスを製造，販売することが，本件各処分の存在によって何ら妨げられるものではないし，シャンピニオンエキスの効果・性能等に関して本件各処分により審判請求人が拘束を受けることもない。したがって，また，審判請求人と7社との法律関係において，審判請求人が7社に対してシャンピニオンエキスの効果・性能について自ら信じるところを主張することも，本件各処分により妨げられるものでもないのである。

……中略……

　このような観点からの審判請求人の利益は，景品表示法上保護され，あるいは考慮されるべき利益に当たるものということはできず，単なる反射的利益にすぎないものというべきである。
　したがって，審判請求人は，本件各処分のいずれについても「法律上の利益を有する者」には当たらないというべきである。

第4章 不実証広告規制の手続きフロー

図表4-6 課徴金制度施行後の「報告書」の書式

平成 年 月 日

消費者庁 表示対策課 食品表示対策室
　　　　食品表示調査官　　　殿

事　業　者　名　_____
代表者役職・氏名　_____㊞
報告書作成者氏名　_____㊞
所属部署・役職　_____
電　話　番　号　_____
Ｆ Ａ Ｘ 番 号　_____
メールアドレス　_____

報　告　書

平成 年 月 日、報告を求められたことについて下記のとおり、報告します。

記

1　会社概要（事業概要）については、次の表のとおりです。

(1) 商号	
(2) 本店所在地	
(3) 代表者 （役職・氏名）	
(4) 設立年月日	
(5) 資本金	
(6) 事業内容	
(7) 事業別売上高 （過去1年分）	平成 年 月 日から 平成 年 月 日まで ①　　　　事業　　　　　　　　円 ②　　　　事業　　　　　　　　円 ③　　　　事業　　　　　　　　円 総売上高　　　　　　円

1

	平成　年　月　日から　平成　年　月　日まで		
	④　　　　　　　　　事業　　　　　　　　　円		
	⑤　　　　　　　　　事業　　　　　　　　　円		
	⑥　　　　　　　　　事業　　　　　　　　　円		
	総売上高　　　　　　　　　　円		
(8)従業員数	正社員　　　　名、パート・アルバイト　　　　名		
(9)店舗数			
(10)営業区域			

2　対象商品の過去3年間の販売実績について

商品名	販売期間	販売単価 (税込)	販売数量	売上高 (税込)
	平成　年　月　日から 平成　年　月　日まで			円
	平成　年　月　日から 平成　年　月　日まで			円
	平成　年　月　日から 平成　年　月　日まで			円
	平成28年4月1日から 本報告書提出の前日まで			円

3　対象商品の流通経路について

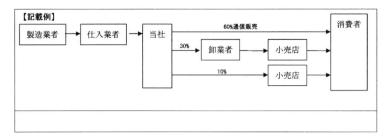

第4章 不実証広告規制の手続きフロー

4 対象商品の製造業者、仕入先、販売先について
　上記3の流通経路に記載した対象商品の製造業者等については、次の表のとおりです。

区分	会社名	所在地	担当者 役職・氏名	連絡先 電話番号

5 対象商品の商品規格
　対象商品の販売開始時期、開発経緯、原材料、栄養成分表示、効果・効能関連すると考える成分の配合量は、次の表のとおりです。
　　（なお、添付資料1-a、1-b、1-c番として原材料、栄養成分表示、効果・効能関連すると考える成分の配合量、添付資料2-a、2-b番として商品の製造レシピ「製造工程図」を、添付資料3-a、3-b番として栄養成分分析試験成績書の写しを提出します。）

商品名：	販売開始時期:平成　年　月
【開発経緯】	
【原材料名】	

3

6 対象商品の表示状況について
　対象商品に関する商品ラベル、包装箱、説明書き、新聞・雑誌・テレビ広告、新聞折り込みチラシ、インターネット等の広告・表示内容の原案の作成者、その広告・表示内容を最終的に決定している担当者は次の表のとおりです。また、表示、広告等を外注したものにあっては、表示制作会社、広告代理店の担当者等をあわせて記載します。

表示媒体	担当者 (役職・氏名)	決定者 (役職・氏名)	表示制作会社 (担当者・連絡先)	広告代理店 (担当者・連絡先)	表示地域	配布枚数	配布・表示期間
(例) 自社ウェブサイト							
(例) 他社ウェブサイト							

7 対象商品の広告・表示内容を企画・決定した経緯について

8 ウェブサイトの広告・表示内容の裏づけとなる根拠について（対象商品の広告・表示内容に対する根拠資料等があれば、ご提示ください）

　　　　　　　　　　　　　　　　　　　　　　　　　　　　　　　　　　　以上

第5章 第3のスキーム／コンプライアンス体制

▶コンプライアンス体制

　前章で述べた合理的根拠の提出要求の中で、最近は、「景表法7条1項の規定に基づく必要な措置」のヒアリングが行われるようになっている（→90ページ　図表5-1）。課徴金ターゲットケースも同じだ（→81ページ　図表4-6参照）。

　これは、2014年11月14日に内閣府告示276号として出された「事業者が講ずべき景品類の提供及び表示の管理上の措置についての指針」に基づく（→93ページ　図表5-2）。

　ヒアリングの内容をかいつまんで言うと、次のようになる。
① 社内で景表法の周知・啓発（社員研修）を行っているか？
② 景表法を遵守するための手順書（マニュアル）を作成しているか？
③ 本件表示（広告）の根拠となる情報を確認したか？
④ ③の情報を社内で共有できるようにしていたか？
⑤ 表示を管理する責任者を決めていたか？
⑥ ③の情報を事後的に確認できる措置（保管など）を採っているか？
⑦ 景表法違反の事案が発生した場合どのような対応を採るかを想定しているか？

▶景表法対策のプロと構築するコンプライアンス体制

　以上のうち、①については、定期的に社内セミナーを行ってい

ればOKで、これはたとえば我々のようなプロに依頼していただければよい。

②については、広告案を景表法の見地から誰がどうチェックするかがマニュアル化されていればよい。

こうした景表法的観点からのチェックは、薬事法ドットコムでも提供している。そこで事業者は、たとえば次のようなフローを広告作成・出稿マニュアルとして作っておけばよい。

広告案作成
　↓
薬事法ドットコムが景表法の観点からチェック
　↓
担当役員が確認
　↓
出　稿

ここで重要なことは、景表法のチェックは法的知識だけではまかなえないということだ。広告とエビデンスの対応性や、エビデンスとしての適格性もチェックする必要があるので、エビデンスに関する知識も要する。

そして、景表法7条1項を満たす指針にのっとり、このマニュアルの中に、社内の景表法責任者（⑤）を明記し、また、チェックした書類の保管方法（⑥）――たとえば「7年間保管」など――を定めておけばよい。

最後に、それでも景表法違反の事案が発生した場合（マニュアルに従ってチェックに出すことなく出稿したような場合など）にどうするかを定めておく。これはたとえば、「薬事法ドットコムと相談して是正策を講じる」というような内容にすればよい。

　また、景表法責任者（「表示等管理担当者」と呼ばれる）は、次の要件を満たす必要がある。
① 自社の表示等（すなわち広告）に関して監視・監督権限を有していること。
② 責任者が複数存在する場合、それぞれの権限または所掌が明確であること。
③ 景表法の研修を受けるなど、景表法に関する一定の知識の習得に努めていること。
④ 責任者を社内において周知する方法が確立していること。

　景表法責任者は、必ずしも専任である必要はなく、たとえば、法務、総務担当者が通常業務の一環として担当してもよい。小規模な事業者においては、代表者が景表法責任者を務めることも可能である。
　なお、仮に、景表法に違反する事実が認められた場合に、景表法8条の2第1項の規定に基づく勧告等の対象となるのは、あくまでも事業者であり、景表法責任者が対象となるわけではない。

▶コンプライアンス体制の効果

　一口に景表法違反と言っても、行政指導を受けて終わるのと、措置命令まで至るのとでは雲泥の差がある。まして課徴金も付くとなると、ダメージはさらに大きくなる。

　行政指導なら、公表されることはないので、信用失墜もなければ、消費者からの返金要求もない。

　景表法違反を疑われないのがベストではあるが、最悪でも、行政指導で終わりたいというのがプレーヤーの本音だろう。

　その際に意味をもつのが、コンプライアンス体制の整備だ。この体制が整っていれば、違反を疑われる事案が「たまたまマニュアル通りに行われなかった」と評価されることもあり、そうなると行政指導に傾くからだ。

　まだこの体制を整えていないのなら、1日も早く整備すべきである。

図表5‐1　合理的根拠提出要求の中でのヒアリング内容

　景品表示法第7条第1項の規定に基づく必要な措置（以下「管理上の措置」という。）

　平成26年12月1日、景品表示法が改正され、事業者は適切な表示を行うための管理を講じなければならなくなりました。そこで、現在、貴社において採られている管理上の措置について、各事項それぞれについて具体的に下記に記載してください。

　なお、既存の資料がある場合は、当該資料の提出をもって記入に替えることができます。

事項（注）	当社における対応状況
1　景品表示法の考え方の周知・啓発 　貴社は、景品表示法第3条の規定に基づく告示に違反する景品類の提供及び景品表示法第4条に違反する表示（以下「不当表示等」という。）の防止のため、景品表示法の考え方について、景品類の提供又は自己の供給する商品若しくは役務についての一般消費者向けの表示（以下「表示等」という。）に関係している役員及び従業員（※）にその職務に応じた周知・告発を行っていますか。行っている場合には、具体的な取組状況を、行っていない場合にはその旨を記載してください。 ※表示等の内容を決定する又は管理する役員及び従業員のほか、決定された表示内容に基づき一般消費者に対する表示（商品説明、セールストーク等）を行うことが想定される者を含みます。	
2　法令遵守の方針等の明確化 　貴社は、不当表示等の防止のため、景品表示法を含む法令遵守の方針や法令順守のためにとるべき手順等を明確化していますか。行っている場合には、具体的な取組状況を、行っていない場合にはその旨を記載してください。	

3　表示等に関する情報の確認 　貴社は、本件表示を行う際、その根拠となる情報を確認しましたか。確認した場合には、具体的な確認状況を、確認していない場合にはその旨を記載してください。	
4　表示等に関する情報の共有 　前記3において確認していたと回答した場合、貴社は、前記3のとおり確認した情報を、本件表示に関係する各組織部門が不当表示等を防止する上で、必要に応じて共有し確認できるようにしていましたか。行っている場合には、具体的な取組状況を、行っていない場合にはその旨を記載してください。 　前記3において確認していないと回答した場合は「該当なし」と記載してください。	
5　表示等を管理するための担当者を定めること 　貴社は、表示等に関する事項を適正に管理するため、表示等を管理する担当者又は担当部門（以下「表示等管理担当者」という。）を定めていますか。 　定めている場合には具体的な担当者名又は担当部門名を、定めていない場合にはその旨を記載してください。 　なお、表示等管理担当者を定めるといえるためには、以下の事項を満たす必要があります。 ①表示等管理担当者が自社の表示等に関して監視・監督権限を有していること。 ②表示等管理担当者が複数存在する場合、それぞれの権限又は所掌が明確であること。 ③表示等管理担当者となる者が、例えば、景品表示法の研修を受けるなど、景品表示法に関する一定の知識の習得に努めていること。 ④表示等管理担当者を社内において周知する方法が確立していること。	

6　表示等の根拠となる情報を事後的に確認するために必要な措置を採ること 　貴社は、本件表示について、前記3のとおり確認した情報を事後的に確認するために、具体的にどのような措置（例えば、資料の保管等）を採っていますか。採っている場合には、具体的な対応状況（資料の保管方法・保管期間等）を、採っていない場合にはその旨を記載してください。	
7　不当な表示等が明らかになった場合における迅速かつ適切な対応 　貴社は、貴社の供給する商品又は役務に関する表示又は景品類の提供において、景品表示法違反又はそのおそれがある事案が発生した場合、どのような対応を採ることを想定していますか。想定している場合には、その対応の内容を具体的に記載してください。	

注：「事業者が講ずべき景品類の提供及び表示の管理上の措置についての指針」
　　（平成26年11月14日内閣府告示第276号）で示す事項です。

以上

図表5-2　事業者が講ずべき景品類の提供及び表示の管理上の措置についての指針

事業者が講ずべき景品類の提供及び表示の管理上の措置についての指針

平成26年11月14日内閣府告示第276号

第1　はじめに

　本指針は、不当景品類及び不当表示防止法（昭和37年法律第134号。以下「景品表示法」という。）第7条第1項に規定する事業者が景品表示法で規制される不当な景品類及び表示による顧客の誘引を防止するために講ずべき措置に関して、同条第2項の規定に基づき事業者が適切かつ有効な実施を図るために必要な事項について定めるものである。

第2　基本的な考え方
1　必要な措置が求められる事業者

　景品表示法第7条第1項は、それぞれの事業者内部において、景品表示法第3条の規定に基づく告示に違反する景品類の提供及び景品表示法第4条に違反する表示（以下「不当表示等」という。）を未然に防止するために必要な措置を講じることを求めるものである。すなわち、景品類の提供若しくは自己の供給する商品又は役務についての一般消費者向けの表示（以下「表示等」という。）をする事業者に対して必要な措置を講じることを求めるものであり、例えば、当該事業者と取引関係はあるが、表示等を行っていない事業者に対して措置を求めるものではない。

　なお、自己の供給する商品又は役務について一般消費者に対する表示を行っていない事業者（広告媒体事業者等）であっても、例えば、当該事業者が、商品又は役務を一般消費者に供給している他の事業者と共同して商品又は役務を一般消費者に供給していると認められる場合は、景品表示法の適用を受けることから、このような場合には、景品表示法第7条第1項の規定に基づき必要な措置を講じることが求められることに留意しなければならない。

2　事業者が講ずべき措置の規模や業態等による相違

　景品表示法の対象となる事業者は、その規模や業態、取り扱う商品又は役務の内容等が様々である。各事業者は、その規模や業態、取り

消費者庁ホームページ「改正景品表示法に基づく政令・指針専用ページ」より。
http://www.caa.go.jp/representation/pdf/141114premiums_5.pdf
「平成26年11月14日 不当景品類及び不当表示防止法第7条第2項の規定に基づく『事業者が講ずべき景品類の提供及び表示の管理上の措置についての指針』の成案公表について」の「別紙2（「事業者が講ずべき景品類の提供及び表示の管理上の措置についての指針」）」全11ページの全文を掲載。

扱う商品又は役務の内容等に応じて、不当表示等を未然に防止するために必要な措置を講じることとなる。したがって、各事業者によって、必要な措置の内容は異なることとなるが、事業者の組織が大規模かつ複雑になれば、不当表示等を未然に防止するために、例えば、表示等に関する情報の共有において、より多くの措置が必要となる場合があることに留意しなければならない。他方、小規模企業者やその他の中小企業者においては、その規模や業態等に応じて、不当表示等を未然に防止するために十分な措置を講じていれば、必ずしも大企業と同等の措置が求められる訳ではない。

　なお、従来から景品表示法や景品表示法第１１条第１項の規定に基づく協定又は規約（以下「公正競争規約」という。）を遵守するために必要な措置を講じている事業者にとっては、本指針によって、新たに、特段の措置を講じることが求められるものではない。

　3　別添記載の具体的事例についての注意点
　　本指針において、別添に記載した事例は、事業者の理解を助けることを目的に参考として示したものであり、当該事例と同じ措置ではなくても、不当表示等を未然に防止するための必要な措置として適切なものであれば、景品表示法第7条第1項の規定に基づく措置を講じていると判断されることとなる。また、本指針の中で挙げられた事例は、景品表示法第7条第1項の規定に基づく必要な措置を網羅するものではないことに留意しなければならない。

第3　用語の説明
　1　必要な措置
　　景品表示法第7条第1項に規定する「必要な措置」とは、事業者が景品表示法を遵守するために必要な措置を包括的に表現したものであり、「景品類の価額の最高額、総額その他の景品類の提供に関する事項及び商品又は役務の品質、規格その他の内容に係る表示に関する事項を適正に管理するために必要な体制の整備」は事業者が講ずべき「必要な措置」の一例である。必要な措置とは、例えば、景品類の提供について、それが違法とならないかどうかを判断する上で必要な事項を確認することや、商品又は役務の提供について実際のもの又は事実に相違して

当該事業者と同種若しくは類似の商品若しくは役務を供給している他の事業者に係るものよりも著しく優良又は有利であると示す表示等に当たらないかどうかを確認することのほか、確認した事項を適正に管理するための措置を講じることである。

2　正当な理由
　　景品表示法第8条の2第1項に規定する「正当な理由」とは、専ら一般消費者の利益の保護の見地から判断されるものであって、単に一般消費者の利益の保護とは直接関係しない事業経営上又は取引上の観点だけからみて合理性又は必要性があるに過ぎない場合などは、正当な理由があるとはいえない。
　　正当な理由がある場合とは、例えば、事業者が表示等の管理上の措置として表示等の根拠となる資料等を保管していたが、災害等の不可抗力によってそれらが失われた場合などである。

第4　事業者が講ずべき表示等の管理上の措置の内容
　　表示等の管理上の措置として、事業者は、その規模（注1）や業態、取り扱う商品又は役務の内容等に応じ、必要かつ適切な範囲で、次に示す事項に沿うような具体的な措置を講ずる必要がある。
　　なお、本指針で例示されているもの以外にも不当表示等を防止する措置は存在するところ、事業者がそれぞれの業務内容や社内体制に応じて、必要と考える独自の措置を講じることも重要である。
（注1）例えば、後記5に関して、個人事業主等の小規模企業者やその他の中小企業者においては、その規模等に応じて、代表者が表示等を管理している場合には、代表者をその担当者と定めることも可能である。

1　景品表示法の考え方の周知・啓発
　　事業者は、不当表示等の防止のため、景品表示法の考え方について、表示等に関係している役員及び従業員（注2）（以下「関係従業員等」という。）にその職務に応じた周知・啓発を行うこと。
　　なお、周知・啓発を行うに当たっては、例えば、一般消費者にとって、表示等が商品又は役務を購入するかどうかを判断する重要な要素とな

ること、その商品又は役務について最も多くの情報・知識を有している事業者が正しい表示を行うことが、一般消費者の利益を保護することになるばかりか、最終的にはその事業者や業界全体の利益となることを十分理解する必要がある。
（注２）表示等の内容を決定する又は管理する役員及び従業員のほか、決定された表示内容に基づき一般消費者に対する表示（商品説明、セールストーク等）を行うことが想定される者を含む。

2　法令遵守の方針等の明確化
　事業者は、不当表示等の防止のため、景品表示法を含む法令遵守の方針や法令遵守のためにとるべき手順等を明確化すること。
　なお、本事項は、必ずしも不当表示等を防止する目的に特化した法令遵守の方針等を、一般的な法令遵守の方針等とは別に明確化することを求めるものではない。また、例えば、個人事業主等の小規模企業者やその他の中小企業者においては、その規模等に応じて、社内規程等を明文化しなくても法令遵守の方針等を個々の従業員（従業員を雇用していない代表者一人の事業者にあっては当該代表者）が認識することで足りることもある。

3　表示等に関する情報の確認
　事業者は、
（1）景品類を提供しようとする場合、違法とならない景品類の価額の最高額・総額・種類・提供の方法等を、
（2）とりわけ、商品又は役務の長所や要点を一般消費者に訴求するために、その内容等について積極的に表示を行う場合には、当該表示の根拠となる情報を確認すること。
　この「確認」がなされたといえるかどうかは、表示等の内容、その検証の容易性、当該事業者が払った注意の内容・方法等によって個別具体的に判断されることとなる。例えば、小売業者が商品の内容等について積極的に表示を行う場合には、直接の仕入れ先に対する確認や、商品自体の表示の確認など、事業者が当然把握し得る範囲の情報を表示の内容等に応じて適切に確認することは通常求められるが、全ての場合について、商品の流通過程を遡って調査を行うことや商品の鑑定・

検査等を行うことまでを求められるものではない。
　なお、事業者の業態等に応じて、例えば、小売業のように商品を提供する段階における情報の確認のみで足りる場合や、飲食業のように、提供する料理を企画する段階、その材料を調達する段階、加工（製造）する段階及び実際に提供する段階に至るまでの複数の段階における情報の確認を組み合わせて実施することが必要となる場合があることに留意する必要がある。

4　表示等に関する情報の共有
　事業者は、その規模等に応じ、前記3のとおり確認した情報を、当該表示等に関係する各組織部門が不当表示等を防止する上で必要に応じて共有し確認できるようにすること。
　不当表示等は、企画・調達・生産・製造・加工を行う部門と実際に表示等を行う営業・広報部門等との間における情報共有が希薄であることや、複数の者による確認が行われていないこと等により発生する場合がある。このため、情報の共有を行うに当たっては、このような原因や背景を十分に踏まえた対応を行うことが重要である。
　なお、個人事業主等の小規模企業者やその他の中小企業者においては、その規模等に応じて、代表者が表示等を管理している場合には、代表者が表示等に関する情報を把握していることで足りる。

5　表示等を管理するための担当者等を定めること
　事業者は、表示等に関する事項を適正に管理するため、表示等を管理する担当者又は担当部門（以下「表示等管理担当者」という。）をあらかじめ定めること（注3及び4）。
　表示等管理担当者を定めるに際しては、以下の事項を満たすこと。
（1）表示等管理担当者が自社の表示等に関して監視・監督権限を有していること。
（2）表示等管理担当者が複数存在する場合、それぞれの権限又は所掌が明確であること。
（3）表示等管理担当者となる者が、例えば、景品表示法の研修を受けるなど、景品表示法に関する一定の知識の習得に努めていること。
（4）表示等管理担当者を社内において周知する方法が確立しているこ

と。
　なお、仮に、景品表示法に違反する事実が認められた場合、景品表示法第8条の2第1項の規定に基づく勧告等の対象となるのは、あくまで事業者であり、表示等管理担当者がその対象となるものではない。
（注3）例えば、個人事業主等の小規模企業者やその他の中小企業者においては、その規模等に応じて、代表者が表示等を管理している場合には、代表者をその担当者と定めることも可能である。
（注4）表示等管理担当者は、必ずしも専任の担当者又は担当部門である必要はなく、例えば、一般的な法令遵守等の担当者又は担当部門がその業務の一環として表示等の管理を行うことが可能な場合には、それらの担当者又は担当部門を表示等管理担当者に指定することで足りる。

6　表示等の根拠となる情報を事後的に確認するために必要な措置を採ること
　事業者は、前記3のとおり確認した表示等に関する情報を、表示等の対象となる商品又は役務が一般消費者に供給され得ると合理的に考えられる期間、事後的に確認するために、例えば、資料の保管等必要な措置を採ること。

7　不当な表示等が明らかになった場合における迅速かつ適切な対応
　事業者は、特定の商品又は役務に景品表示法違反又はそのおそれがある事案が発生した場合、その事案に対処するため、次の措置を講じること。
（1）当該事案に係る事実関係を迅速かつ正確に確認すること。
（2）前記（1）における事実確認に即して、不当表示等による一般消費者の誤認排除を迅速かつ適正に行うこと。
（3）再発防止に向けた措置を講じること。
　なお、不当表示等による一般消費者の誤認の排除に当たっては、不当表示等を単に是正するだけでは、既に不当に誘引された一般消費者の誤認がなくなったことにはならずに、当該商品又は役務に不当表示等があった事実を一般消費者に認知させるなどの措置が求められる場合があることを理解する必要がある。

第5章　第3のスキーム／コンプライアンス体制

別添

事業者が講ずべき表示等の管理上の措置の具体的事例

　別添に記載された具体的事例は、事業者へのヒアリング等に基づき参考として記載するものであり、各事業者が講じる具体的な措置は、その規模や業態、取り扱う商品又は役務の内容等に応じ、各事業者において個別具体的に判断されるべきものである。

1　景品表示法の考え方の周知・啓発の例　　　　　　　　　　　　　……………(A)
・朝礼・終礼において、関係従業員等に対し、表示等に関する社内外からの問合せに備えるため、景品表示法の考え方を周知すること。
・適時、関係従業員等に対し、表示等に関する社内外からの問合せに備えるため、景品表示法の考え方をメール等によって配信し、周知・啓発すること。
・社内報、社内メールマガジン、社内ポータルサイト等において、景品表示法を含む法令の遵守に係る事業者の方針、景品表示法を含む自社に関わる法令の内容、自社の取り扱っている商品・役務と類似する景品表示法の違反事例等を掲載し、周知・啓発すること。
・関係従業員等が景品表示法に関する都道府県、事業者団体、消費者団体等が主催する社外講習会等に参加すること。
・関係従業員等に対し、景品表示法に関して一定の知識等を獲得することができるよう構成した社内の教育・研修等を行うこと。
・景品表示法に関する勉強会を定期的に開催すること。
・調達・生産・製造・加工部門と、営業部門との間での商品知識及び景品表示法上の理解に関する相互研修を行い、認識の共有化を図ること。
・社内資格制度を設け、景品表示法等の表示関連法令について一定の知識を有すると認められた者でなければ、表示等の作成や決定をすることができないこととすること。
・適正表示等のための定例的な広告審査会（複数部署が参加して表示等を相互に批評する会合）を開催すること。

2　法令遵守の方針等の明確化の例　　　　　　　　　　　　　　　……………(B)

著者注　(A)　社内研修を行うとよい。
　　　　(B)　社内的なフローを決めるとよい。

- 法令遵守の方針等を社内規程、行動規範等として定めること。
- パンフレット、ウェブサイト、メールマガジン等の広報資料等に法令遵守に係る事業者の方針を記載すること。
- 法令違反があった場合に、役員に対しても厳正に対処する方針及び対処の内容を役員規程に定めること。
- 法令違反があった場合に，懲戒処分の対象となる旨を就業規則その他の社内規則等において明記すること。
- 禁止される表示等の内容、表示等を行う際の手順等を定めたマニュアルを作成すること。
- 社内規程において、不当表示等が発生した場合に係る連絡体制、具体的な回収等の方法、関係行政機関への報告の手順等を規定すること。

3 表示等に関する情報の確認の例
(1) 企画・設計段階における確認等
- 企画・設計段階で特定の表示等を行うことを想定している場合には、当該表示等が実現可能か（例えば、原材料の安定供給が可能か、取引の予定総額が実現可能か）検討すること。
- 景品表示法の各種運用基準、過去の不当表示等事案の先例等を参考にして、どのような景品類の提供や表示が可能なのか、又は当該表示等をするためにはどのような根拠が必要なのか検討すること。
- 最終的な商品・役務についてどのような表示が可能なのか、又は当該表示をするためにはどのような根拠が必要なのか検討すること。
- 企画・設計段階で特定の表示を行うことを想定している場合には、どのような仕様であれば当該表示が可能か検討すること。
- 景品類を提供しようとする場合、商品・役務の販売価格や売上総額を試算し、景品関係の告示等に照らし、違法とならない景品類の価額の最高額・総額・種類・提供の方法等を確認すること。

(2) 調達段階における確認等
- 調達する原材料等の仕様、規格、表示内容を確認し、最終的な表示の内容に与える影響を検討すること。
- 地理的表示等の保護ルール等が存在する場合には、それらの制度を利用して原産地等を確認すること。

・規格・基準等の認証制度が存在する場合（ブランド食材の認証マーク等）には、それらの制度を利用して品質や呼称を確認すること。
・無作為に抽出したサンプルの成分検査を実施すること。

（3）生産・製造・加工段階における確認等
・生産・製造・加工が仕様書・企画書と整合しているかどうか確認すること。
・特定の表示を行うことが予定されている場合、生産・製造・加工の過程が表示に与える影響（「オーガニック」等の表示の可否、再加工等による原産地の変更等）を確認すること。
・生産・製造・加工の過程における誤りが表示に影響を与え得る場合、そのような誤りを防止するために必要な措置を講じること（誤混入の防止のため、保管場所の施設を区画し、帳簿等で在庫を管理する等）。
・流通に用いるこん包材の表示が一般消費者に訴求する表示につながる可能性がある場合、こん包材の表示についても確認すること。
・定期的に原料配合表に基づいた成分検査等を実施すること。

（4）提供段階における確認等
・景品表示法の各種運用基準、過去の不当表示等事案の先例等を参照し、表示等を検証すること。
・企画・設計・調達・生産・製造・加工の各段階における確認事項を集約し、表示の根拠を確認して、最終的な表示を検証すること。
・企画・設計・調達・生産・製造・加工・営業の各部門の間で表示しようとする内容と実際の商品・役務とを照合すること。
・他の法令（農林物資の規格化及び品質表示の適正化に関する法律（JAS法）、食品衛生法、酒税法等）が定める規格・表示基準との整合性を確認すること。
・社内外に依頼したモニター等の一般消費者の視点を活用することにより、一般消費者が誤認する可能性があるかどうかを検証すること。
・景品類を提供する場合、景品関係の告示等に照らし、景品類の価額の最高額・総額・種類・提供の方法等を確認すること。

4　表示等に関する情報の共有の例
・社内イントラネットや共有電子ファイル等を利用して、関係従業員等が表示等の根拠となる情報を閲覧できるようにしておくこと。
・企画・設計・調達・生産・製造・加工・営業等の各部門の間で、表示等の内容と実際の商品若しくは役務又は提供する景品類等とを照合すること。
・企画・設計・調達・生産・製造・加工・営業等の各部門の間で、表示等の根拠となる情報を証票（仕様書等）をもって伝達すること（紙、電子媒体を問わない。）。
・表示等に影響を与え得る商品又は役務の内容の変更を行う場合、担当部門が速やかに表示等担当部門に当該情報を伝達すること。
・表示等の変更を行う場合、企画・設計部門及び品質管理部門の確認を得ること。
・関係従業員等に対し、朝礼等において、表示等の根拠となる情報（その日の原材料・原産地等、景品類の提供の方法等）を共有しておくこと。
・表示等の根拠となる情報（その日の原材料・原産地等、景品類の提供の方法等）を共有スペースに掲示しておくこと。
・生産・製造・加工の過程が表示に影響を与える可能性があり（食肉への脂の注入等）、その有無をその後の過程で判断することが難しい場合には、その有無をその後の過程において認識できるようにしておくこと。
・表示物の最終チェックを品質管理部門が運用する申請・承認システムで行い、合格した表示物の内容をデータベースにて関係従業員等に公開すること。

5　表示等を管理するための担当者等を定めることの例　……………………(C)
①担当者又は担当部門を指定し、その者が表示等の内容を確認する例
・代表者自身が表示等を管理している場合に、その代表者を表示等管理担当者と定め、代表者が表示等の内容を確認すること。
・既存の品質管理部門・法務部門・コンプライアンス部門を表示等管理部門と定め、当該部門において表示等の内容を確認すること。
・店舗ごとに表示等を策定している場合において、店長を表示等管理担当者と定め、店長が表示等の内容を確認すること。

(C) 2とも関連するが、フローにおいて根拠を確認する仕組みが取られているとよい。

第5章　第3のスキーム／コンプライアンス体制

　　・売り場ごとに表示等を策定している場合において、売り場責任者を表示等管理担当者と定め、その者が表示等の内容を確認すること。
　②表示等の内容や商品カテゴリごとに表示等を確認する者を指定し、その者が表示等の内容を確認する例
　　・商品カテゴリごとに異なる部門が表示等を策定している場合、各部門の長を表示等管理担当者と定め、部門長が表示等の内容を確認すること。
　　・チラシ等の販売促進に関する表示等については営業部門の長を表示等管理担当者と定め、商品ラベルに関する表示等については品質管理部門の長を表示等管理担当者と定め、それぞれが担当する表示等の内容を確認すること。
　　・社内資格制度を設け、表示等管理担当者となるためには、景品表示法等の表示等関連法令についての試験に合格することを要件とすること。

6　表示等の根拠となる情報を事後的に確認するために必要な措置を採ることの例
　　・表示等の根拠となる情報を記録し、保存しておくこと（注1及び2）。………(D)
　　・製造業者等に問い合わせれば足りる事項について、製造業者等に問合せができる体制を構築しておくこと。
　　・調達先業者との間で、品質・規格・原産地等に変更があった場合には、その旨の伝達を行うことをあらかじめ申し合わせておくこと。
　　・トレーサビリティ制度に基づく情報により原産地等を確認できる場合には、同制度を利用して原産地等を確認できるようにしておくこと。
　（注1）　表示等の根拠となる情報についての資料の例
　　・原材料、原産地、品質、成分等に関する表示であれば、企画書、仕様書、契約書等の取引上の書類、原材料調達時の伝票、生産者の証明書、製造工程表、原材料配合表、帳簿、商品そのもの等
　　・効果、性能に関する表示であれば、検査データや専門機関による鑑定結果等
　　・価格に関する表示であれば、必要とされる期間の売上伝票、帳簿類、製造業者による希望小売価格・参考小売価格の記載のあるカタログ等
　　・景品類の提供であれば、景品類の購入伝票、提供期間中の当該商品又

(D)　広告とエビデンスを保管することになるが、その保存期間は税法に倣うと7年。

は役務に関する売上伝票等
・その他、商談記録、会議議事録、決裁文書、試算結果、統計資料等
（注２）合理的と考えられる資料の保存期間の例
・即時に消費される場合又は消費期限が定められている場合には販売を開始した日から３か月の期間
・賞味期限、保証期間、流通期間、耐用年数等に応じて定められた期間
・他法令に基づく保存期間が定められている場合（法人税法、所得税法、米穀等の取引等に係る情報の記録及び産地情報の伝達に関する法律（米トレサ法）等）の当該期間

7　不当な表示等が明らかになった場合における迅速かつ適切な対応の例
（１）事実関係を迅速かつ正確に確認する例
　　・表示等管理担当者、事業者の代表者又は専門の委員会等が、表示物・景品類及び表示等の根拠となった情報を確認し、関係従業員等から事実関係を聴取するなどして事実関係を確認すること。
　　・事案に係る情報を入手した者から法務部門・コンプライアンス部門に速やかに連絡する体制を整備すること。
（２）不当表示等による一般消費者の誤認排除を迅速かつ適正に行う例
　　・速やかに当該違反を是正すること。
　　・一般消費者に対する誤認を取り除くために必要がある場合には、速やかに一般消費者に対する周知（例えば、新聞、自社ウェブサイト、店頭での貼り紙）及び回収を行うこと。
　　・当該事案に係る事実関係を関係行政機関へ速やかに報告すること。
（３）再発防止に向けた措置の例
　　・関係従業員等に対して必要な教育・研修等を改めて行うこと。
　　・当該事案を関係従業員等で共有し、表示等の改善のための施策を講じること。
（４）その他の例
　　・内部通報制度を整備し、内部通報窓口担当者が適切に対応すること。
　　・第三者が所掌する法令遵守調査室や第三者委員会を設置すること。……… (E)
　　・就業規則その他の職務規律を定めた文書において、関係従業員等が景品表示法違反に関し、情報を提供したこと又は事実関係の確認に協力したこと等を理由として、不利益な扱いを行ってはならない旨

(E) 第三者委員会の設置が挙げられている。当社のような機関にご依頼を。

を定め、従業員に周知すること。

8 前記1から7まで以外の措置の例
・景品表示法違反の未然防止又は被害の拡大の防止の観点から、速やかに景品表示法違反を発見する監視体制の整備及び関係従業員等が報復のおそれなく報告できる報告体制を設け、実施すること。
・表示等が適正かどうかの検討に際し、疑義のある事項について関係行政機関や公正取引協議会に事前に問い合わせること。
・表示等が適正かどうかの検討に際し、当該業界の自主ルール又は公正競争規約を参考にすること。

第6章

2016年4月にスタートした課徴金

ここまで見てきたように、消費者庁から景表法違反とみなされた広告は、従来からあった措置命令を受けるとともに、現在では新設された「課徴金」を課されるおそれもある。
　本章では、2016年4月からスタートした課徴金制度について解説していこう。

▶課徴金の対象・主体

　課徴金の対象となるのは、優良誤認・有利誤認を行っていると認められる表示だ。
　この「表示」には、広告だけでなく、商品パッケージ、カタログ、会報などのいわゆるインナー資料も含まれる。
　ただし、2016年4月より前に終了しているものは対象にはならない。逆に、2016年4月1日以降に行われたものは、すでに表示をやめているものでも対象になる。
　課徴金を課すことができるのは消費者庁。消費者庁は、不当表示をしたとみなす事業者に対し、〝措置命令に加えて課徴金〟という、ダブルパンチを浴びせることも可能なのだ。
　他方、自治体は、措置命令は出せるが課徴金を課すことはできない。

▶マストの課徴金

　優良誤認・有利誤認に当たる表示を見つけたとき、措置命令を

下すかどうかは消費者庁の裁量だ（改正景表法第7条は「命ずることができる」としている）。しかし、課徴金は必ず課さなければならないことになっている（同法第8条に「命じなければならない」とある）。

つまり、措置命令は消費者庁の判断次第なのに対して、課徴金はマストという規定になっているわけだ。措置命令のように行政指導で注意して許す、という選択はない。

世の中には、事実上、優良誤認・有利誤認の広告が溢れかえっているので、今後この運用がどうなるのか（消費者庁がどれだけ立件していくのか）が注目される。

▶課徴金の額と対象期間

ある表示に課徴金が課されると、その表示から得られた売上の3％が課徴金の額となる。どの表示が対象となるかは、課徴金納付命令に示される。

売上の3％というのは、対象が広告であれば、その広告から得られた売上、商品パッケージであれば、そのパッケージの商品から得られた売上だ。その商品全体での売上や、事業全体での収益ではなく、課徴金の対象となった表示から得られた売上に限られるところがポイントだ。

そして、課徴金納付命令は過去に遡ることができるが、それは最高3年である。

また、2016年4月より前に遡ることはない。

次の２つの例で考えてみよう。

> A：2015年４月に立ち上げたLP^(※)に優良誤認表示があり、2017年10月に課徴金納付命令を受けた場合
> B：2016年４月にLPを立ち上げ、2019年10月に課徴金納付命令を受けた場合

ともに、課徴金納付命令まで違反が続いていたとする。

まず、対象になるのは課徴金制度が始まった2016年４月以降に行われていた表示である。そして、その期間は2016年４月まで遡って適用される。ただし、遡る期間は最高で３年だ。

Aの例だと、LP立ち上げ時までではなく、制度スタート時の2016年４月まで遡ることになる（対象期間１年半）。Bの例だと制度スタート時までではなく、３年前の2016年10月まで遡ることになる（対象期間３年）。

※LP：ランディングページ。Webで商品ページに飛ぶバナーをクリックしたときに、最初に表示されるページを指す。

▶過去遡及の起算点

次に、対象期間が最大過去３年間だとして、いつから遡るかという問題もある。

原則としては、課徴金対象行為をやめた日が起算点となる。つまり、LPに問題があったなら、そのLPをやめた日。パッケージ

が問題なら、そのパッケージをやめた日である。

　しかし、問題ある表示をやめた後でも、消費者は過去のLPを保存していて、それで注文してくる可能性がある。あるいは、すでにやめたパッケージの商品が店頭にあって、それを購入するかもしれない。つまり、課徴金対象行為をやめた後も、まだそれに基づく購入などはありうるわけだ。

　そういう場合は、問題ある表示を指摘された商品の最後の購入が起算点になる。他社の店頭にある商品が販売された場合は、当該他社の責任も問題となる（→「図表6‐1」中の125ページ「(5)想定例①」）。

　ただし、起算点とする「最後の購入」までの期間は、課徴金対象行為をやめた日から最長6ヵ月となっている。

　これも2つの例で考えてみよう。

> A：あるサプリのLPに「お酒の後に」と書いていたところ、二日酔いなどを抑える効果はないのではないかと消費者団体に指摘され、2016年5月に、その文言を削除した。ところが、以前のLPをプリントアウトしていたXさんが改定前のプリントアウトを見て同年7月に当該サプリを注文、購入した。それ以降、改定前のLPを見ての注文はなかった。
>
> B：同じ事例で、Xさんが2017年1月にサプリを注文し、購

入した。

　Aのケースでは、Xさんの購入が課徴金対象行為による最後の取引となるので、課徴金対象期間は2016年7月から2016年4月まで遡る。

　Bのケースでは、Xさんの購入時点が課徴金対象行為をやめた日から6ヵ月以上過ぎているので、2017年1月から3年遡るのではなく、課徴金対象行為をやめた日＝2016年5月の6ヵ月後に当たる2016年11月から、2016年4月まで遡ることになる。

▶誤認の恐れの解消措置

　以上述べたように、事業者が課徴金対象行為をやめたからといって、それに基づく購入がすぐ終わるとは限らない。問題があると指摘された表現を削除したとしても、以前のLPやチラシを保存していて注文してくる購入者の登場は止めようがない。

　だが、法は一種の救済措置を認めている。それが、「誤認の恐れの解消措置」だ。

　つまり、「あの広告には問題があったので、あれを信じて購入しないでください」というような、ある種の謝罪広告を新聞に載せれば、その時点が課徴金対象期間の起算点となる。

　これまでの運用からすると、この種の広告は、新聞なら全国紙で社会面の下のほうに載せることになるだろう。ホームページならファーストビュー（最初に表示される範囲）に載せることにな

るだろう。

　ただ、誤解しないでほしいのは、措置命令を受けたことを周知させる広告を打てば課徴金を課されないということではない。あくまでも課徴金が過去に遡る起算点がそこになるという話だ。

　そういう点からすると、この制度には事業者側のメリットが少ない場合も多いと考えられ、あまり利用されないかもしれない。

▶表示をやめていても課徴金の対象になるのか？

　多くの事業者は2016年４月に課徴金制度が始まってから、その運用を見つつ、広告の見直しをしようと考えていると思われる。

　しかし、やめていれば課徴金の対象にならないという話ではないことには注意しなければならない。

　２つの例を考えてみよう。

> A：二日酔いターゲットサプリで、「お酒の後に」という表現を2016年１月にLPから削除した場合
> B：同じケースで、表現を削除したのが2016年５月だった場合

　まず、Aは課徴金の対象にならない。対象になるのは2016年４月以降に存在した広告のみだからだ。

　一方、Bは課徴金の対象になる。すでにやめていたとしても、

その表示が2016年4月以降に存在したことには変わりないからだ。

▶相当の注意をしていた場合は免責

　優良誤認・有利誤認行為があったとしても、事業者が相当の注意をしていたのにそうなったという場合には、課徴金は命令されない。ガイドラインには、次のような事例が挙げられている（→「図表6‐1」中の138ページ「3　想定例③」）。
　偽りの広告を行ったのは小売業者だが、そのデータはメーカーから提供されていたという事例だ。

>　③小売業者Cが、卸売業者から仕入れた健康食品を、自ら全国において運営するドラッグストアにおいて一般消費者に販売するに当たり、当該健康食品について、全店舗の店頭ポップにおいて、「アセロラ由来のビタミンC含有の健康食品です。」等と記載することにより、あたかも、当該健康食品に含有されているビタミンCがアセロラ果実から得られたものであるかのように示す表示をしていたものの、実際には、当該健康食品に含有されているビタミンCは化学合成により製造されたものであった事案
>　　当該事案において、小売業者Cが、
>・上記表示をする際に、卸売業者から仕入れた当該健康食品のパッケージに「アセロラ由来のビタミンC含有」と

の記載があることを確認していたところ、
・消費者庁から当該健康食品の表示に関する質問を受け、この後に速やかに当該健康食品の製造業者に問い質したところ、実際には、当該健康食品に含有されているビタミンCはアセロラ果実から得られたものではなく化学合成により製造されたものであったことが明らかとなり、速やかに当該表示に係る課徴金対象行為をやめた場合

ここで重要な意味をもつのが第5章で述べたコンプライアンス体制だ。

コンプライアンス体制に従って手順書を作り、その通りに広告のチェックは行われていたが、その広告はメーカーが提供した数字に基づくもので、その数字に間違いがあったという場合。

つまり、相当の注意はしていたが、結果的に課徴金対象行為をしてしまったという場合は、課徴金は課されない。

ただし、ガイドラインの例にあるように、間違いに気づいたらすぐ是正しなければならない。

▶課徴金の納付期限・不払い・異議

課徴金の納付期限は命令書に記載されるが、命令から7ヵ月ということになっている(改正景表法17条)。

期限内に支払わなければ、年14.5％の割合で延滞金がつく。それでも払わなければ強制執行となり、差し押さえなどを受けるこ

とになる（刑事罰はない）。

　課徴金納付命令を争う場合、手続きは措置命令と同じだ。つまり、消費者庁に異議を申し立てる（60日以内）か、国に対して取消訴訟を提起するか（6ヵ月以内）である。

▶自主申告・自主返金による課徴金の減免

　違反行為を自主申告した事業者に対しては、課徴金額の2分の1が減額されるという減免規定がある。

　さらに、事業者が課徴金納付命令を下されるまでの期間内に、被害者に対し課徴金相当額以上の自主返金をした場合は、課徴金が免除となる。返金額が課徴金額に満たない場合でも、その分は減額となる。

▶課徴金第1号

　2016年4月早々、「本件は課徴金も視野に入れて対応します」といった通告を消費者庁から受けている事業者もいる。

　課徴金第1号が登場するのは、そんなに遠い話ではなさそうだ。

図表6-1　課徴金納付命令のガイドライン

不当景品類及び不当表示防止法第8条
（課徴金納付命令の基本的要件）に関する考え方

目　次
（略）

平成28年1月29日
消費者庁

第1　はじめに
1　本考え方の目的

　不当な表示による顧客の誘引を防止するため、不当景品類及び不当表示防止法（昭和37年法律第134号。以下「本法」という。）への課徴金制度の導入等を内容とする不当景品類及び不当表示防止法の一部を改正する法律（平成26年法律第118号。以下「本改正法」といい、本法の引用に際しては本改正法施行後の条文を引用する。）が平成26年11月19日に成立し（同月27日公布）、平成28年4月1日から施行される。

　本改正法の施行に伴い、事業者が、不当な表示を禁止する本法「第五条の規定に違反する行為（同条第三号に該当する表示に係るものを除く。〔略〕）」（以下「課徴金対象行為」という。）を施行日以後にしたときは、消費者庁長官は、その他の要件を満たす限り、当該事業者に対し、課徴金の納付を命じなければならないこととなる（本法第8条第1項本文。以下同項本文の規定による命令を「課徴金納付命令」という。）。

　そこで、本法の課徴金制度の運用の透明性及び事業者の予見可能性を確保するため、本法に基づく課徴金納付命令の基本的要件に関する考え方を示すこととする。

2　本考え方の構成

　本考え方は、前記1の目的を踏まえ、まず、第2において、課徴金対象行為を基礎付ける不当な表示すなわち本法第5条第1号に該当する表示（以下「優良誤認表示」という。）及び同条第2号に該当する表示（以下「有利誤認表示」といい、優良誤認表示及び有利誤認表示を総称する場合は「優良・有利誤認表示」という。）の考え方を示す。

　その上で、第3以下において、課徴金納付命令の基本的要件の意義や考

消費者庁ホームページ「景品表示法改正について」より。
http://www.caa.go.jp/representation/pdf/160208premiums_3.pdf
「不当景品類及び不当表示防止法第8条（課徴金納付命令の基本的要件）に関する考え方」全25ページのうち、目次を除く24ページを掲載。

え方について説明するものである。具体的には、第3において課徴金対象行為、第4において課徴金額の算定方法、第5において「相当の注意を怠つた者でないと認められる」か否か、第6において規模基準、第7において課徴金納付命令に関する不実証広告規制の考え方を示す。

なお、本考え方においては必要に応じて「想定例」を掲げているが、これら「想定例」は、本法の課徴金制度の運用の透明性及び事業者の予見可能性を確保するため、仮定の行為を例示したものである。具体的な行為が課徴金納付命令に関する各要件を満たすか否かは、本法の規定に照らして個別事案ごとに判断されることに留意する必要がある。

第2 優良・有利誤認表示
　本改正法は、優良・有利誤認表示に関する従来の規定を変更したものではないが、本改正法の施行に伴い、事業者が優良・有利誤認表示をする行為をしたとき、消費者庁長官は、その他の要件を満たす限り、その行為をした事業者に対し、課徴金の納付を命じなければならなくなることを踏まえ、本法上の「表示」（本法第2条第4項）を後記1にて確認した上で、優良・有利誤認表示について、後記2に概要を記載する。

1 本法上の「表示」
　本法上の「表示」とは、「顧客を誘引するための手段として、事業者が自己の供給する商品又は役務の内容又は取引条件その他これらの取引に関する事項について行う広告その他の表示」（本法第2条第4項）であり、具体的には、次に掲げるものをいう（昭和37年公正取引委員会告示第3号）。
① 商品、容器又は包装による広告その他の表示及びこれらに添付した物による広告その他の表示
② 見本、チラシ、パンフレット、説明書面その他これらに類似する物による広告その他の表示（ダイレクトメール、ファクシミリ等によるものを含む。）及び口頭による広告その他の表示（電話によるものを含む。）
③ ポスター、看板（プラカード及び建物又は電車、自動車等に記載されたものを含む。）、ネオン・サイン、アドバルーン、その他これらに類似する物による広告及び陳列物又は実演による広告
④ 新聞紙、雑誌その他の出版物、放送（有線電気通信設備又は拡声機による放送を含む。）、映写、演劇又は電光による広告
⑤ 情報処理の用に供する機器による広告その他の表示（インターネット、

パソコン通信等によるものを含む。)
　このように、事業者が商品又は役務の供給の際に顧客を誘引するために利用するあらゆる表示が本法の「表示」に該当し、容器や包装上のものだけではなく、パンフレット、説明書面、ポスター、看板、インターネットを始めとして、その範囲は広範に及ぶ。口頭によるものも「表示」に該当する。

2　優良・有利誤認表示
(1)　本法第5条第1号及び第2号の規定
　本法第5条は、事業者に対し、「自己の供給する商品又は役務の取引」について、同条第1号から第3号までのいずれかに該当する表示をしてはならない旨を定めているところ、優良・有利誤認表示に関する同条第1号及び同条第2号の規定は次のとおりである。

〔本法〕
（不当な表示の禁止）
第五条　事業者は、自己の供給する商品又は役務の取引について、次の各号のいずれかに該当する表示をしてはならない。
一　商品又は役務の品質、規格その他の内容について、一般消費者に対し、実際のものよりも著しく優良であると示し、又は事実に相違して当該事業者と同種若しくは類似の商品若しくは役務を供給している他の事業者に係るものよりも著しく優良であると示す表示であつて、不当に顧客を誘引し、一般消費者による自主的かつ合理的な選択を阻害するおそれがあると認められるもの
二　商品又は役務の価格その他の取引条件について、実際のもの又は当該事業者と同種若しくは類似の商品若しくは役務を供給している他の事業者に係るものよりも取引の相手方に著しく有利であると一般消費者に誤認される表示であつて、不当に顧客を誘引し、一般消費者による自主的かつ合理的な選択を阻害するおそれがあると認められるもの
三　(略)

(2)　優良・有利誤認表示の意義等
　本法の不当な表示に関する規制は、不当な顧客の誘引を防止し、一般消

費者による適正な商品又は役務の選択を確保することを目的として行われるものである。このため、特定の表示が「著しく優良であると示す」表示（又は「著しく有利である」と「誤認される」表示）に該当するか否かは、業界の慣行や表示をする事業者の認識により判断するのではなく、表示の受け手である一般消費者に、「著しく優良」（又は「著しく有利」）と誤認されるか否かという観点から判断される。また、「著しく」とは、当該表示の誇張の程度が、社会一般に許容される程度を超えて、一般消費者による商品又は役務の選択に影響を与える場合をいう。

　すなわち、優良誤認表示（又は有利誤認表示）とは、一般消費者に対して、社会一般に許容される誇張の程度を超えて、特定の「商品又は役務」の内容（又は取引条件）について、実際のもの等よりも著しく優良であると示す表示（又は著しく有利であると誤認される表示）である。このような表示が行われれば、一般消費者は、商品又は役務の内容（又は取引条件）について誤認することとなる。

　なお、「著しく優良であると示す」表示（又は「著しく有利である」と「誤認される」表示）か否かの判断に当たっては、表示上の特定の文言、図表、写真等から一般消費者が受ける印象・認識ではなく、表示内容全体から一般消費者が受ける印象・認識が基準となり、その際、事業者の故意又は過失の有無は問題とされない。

第3　課徴金対象行為

　課徴金対象行為とは、優良・有利誤認表示をする行為である（本法第8条第1項）。したがって、例えば、事業者が、本法第31条第1項の規定に基づく協定又は規約（以下「公正競争規約」という。）に沿った表示など、優良・有利誤認表示に該当しない表示をした場合には、課徴金対象行為は成立せず、課徴金の納付を命ずることはない。

〔本法〕
（課徴金納付命令）
第八条　事業者が、第五条の規定に違反する行為（同条第三号に該当する表示に係るものを除く。以下「課徴金対象行為」という。）をしたときは、内閣総理大臣は、当該事業者に対し、当該課徴金対象行為に係る課徴金対象期間に取引をした当該課徴金対象行為に係る商品又は役務の政令で定める方法により算定した売上額に百分の三を乗じて得 ……※

著者注※事業者が平成28年4月1日以後に優良・有利誤認表示といった課徴金対象行為をしたときに内閣総理大臣は課徴金の納付を命じなければならない。ただし、対象期間を通じて課徴金対象行為に該当することを知らず、かつ、知らないことにつき相当の注意を払ったものと認められるとき、またはその額が150万円未満の場合は納付を命じることができない。

額に相当する額の課徴金を国庫に納付することを命じなければならない。ただし、当該事業者が当該課徴金対象行為をした期間を通じて当該課徴金対象行為に係る表示が次の各号のいずれかに該当することを知らず、かつ、知らないことにつき相当の注意を怠つた者でないと認められるとき、又はその額が百五十万円未満であるときは、その納付を命ずることができない。
　一・二（略）
　2・3（略）

第4 課徴金額の算定方法

　課徴金額は、（ア）「課徴金対象期間に取引をした」（イ）「課徴金対象行為に係る商品又は役務」の（ウ）「政令で定める方法により算定した売上額」に、3％を乗じて得た額となる（本法第8条第1項本文）。
　そこで、以下では、課徴金額算定の基礎となる「売上額」を算定するに当たり必要な要素である、（ア）「課徴金対象期間」、（イ）「課徴金対象行為に係る商品又は役務」、（ウ）「政令で定める方法により算定した売上額」について説明する。

〔本法〕
（課徴金納付命令）
第八条 事業者が、第五条の規定に違反する行為（同条第三号に該当する表示に係るものを除く。以下「課徴金対象行為」という。）をしたときは、内閣総理大臣は、当該事業者に対し、当該課徴金対象行為に係る課徴金対象期間に取引をした当該課徴金対象行為に係る商品又は役務の政令で定める方法により算定した売上額に百分の三を乗じて得た額に相当する額の課徴金を国庫に納付することを命じなければならない。ただし、当該事業者が当該課徴金対象行為をした期間を通じて当該課徴金対象行為に係る表示が次の各号のいずれかに該当することを知らず、かつ、知らないことにつき相当の注意を怠つた者でないと認められるとき、又はその額が百五十万円未満であるときは、その納付を命ずることができない。
　一・二（略）
　2・3（略）

1 「課徴金対象期間」
(1) 本法第8条第2項の規定
　本法第8条第2項は、「課徴金対象期間」について、以下の（ⅰ）又は（ⅱ）の期間であるとしつつ、当該期間が3年を超えるときは、当該期間の末日から遡って3年間であると定めている。
　（ⅰ）原則：「課徴金対象行為をした期間」（後記(2)参照）
　（ⅱ）課徴金対象行為を「やめた日」から①6か月を経過する日、又は、②「不当に顧客を誘引し、一般消費者による自主的かつ合理的な選択を阻害するおそれを解消するための措置として内閣府令で定める措置」（以下「一般消費者の誤認のおそれの解消措置」という。）をとった日のいずれか早い日までの間に、当該「課徴金対象行為に係る商品又は役務の取引をした」場合：課徴金対象行為をした期間に、当該「課徴金対象行為をやめてから最後に当該取引をした日までの期間」を加えた期間（後記(3)及び(4)参照）

〔本法〕
（課徴金納付命令）
第八条（略）
2　前項に規定する「課徴金対象期間」とは、課徴金対象行為をした期間（課徴金対象行為をやめた後そのやめた日から六月を経過する日（同日前に、当該事業者が当該課徴金対象行為に係る表示が不当に顧客を誘引し、一般消費者による自主的かつ合理的な選択を阻害するおそれを解消するための措置として内閣府令で定める措置をとったときは、その日）までの間に当該事業者が当該課徴金対象行為に係る商品又は役務の取引をしたときは、当該課徴金対象行為をやめてから最後に当該取引をした日までの期間を加えた期間とし、当該期間が三年を超えるときは、当該期間の末日から遡つて三年間とする。）をいう。
3（略）

(2) 「課徴金対象行為をした期間」
　「課徴金対象行為をした期間」とは、事業者が課徴金対象行為（優良・有利誤認表示をする行為）を始めた日からやめた日までの期間である。

このうち、課徴金対象行為を「やめた日」に該当する日としては、例えば、事業者が、特定の商品の内容について著しく優良であると示す表示を内容とするウェブサイトを公開し続けた場合の当該公開行為終了日が挙げられる。また、当該行為を終了していない場合であっても、当該事業者が、課徴金対象行為に係る商品の内容を変更することにより、表示内容と一致させたと認められる場合には、当該変更日が課徴金対象行為を「やめた日」に該当する。

(3) 「課徴金対象行為をやめてから最後に当該取引をした日までの期間」
　本法第8条第2項は、課徴金額の算定に当たり、課徴金対象行為に係る表示により生じた「不当に顧客を誘引し、一般消費者による自主的かつ合理的な選択を阻害するおそれ」が存続する期間を、課徴金対象行為をやめた後（一般消費者の誤認のおそれの解消措置をとらない限り）最長6か月とみなし、当該期間のうち「最後に当該取引をした日までの期間」も、課徴金対象期間に含めることとしている。
　なお、この「最後に当該取引をした日までの期間」とは、当該課徴金対象行為を「やめた日」から①6か月を経過する日又は②一般消費者の誤認のおそれの解消措置をとった日のいずれか早い日までの間に、最後に課徴金対象行為に係る商品又は役務の取引をした日までの期間である。
例えば、事業者が課徴金対象行為をやめた日から一般消費者の誤認のおそれの解消措置をとらないまま9か月間課徴金対象行為に係る商品又は役務の取引を継続したとしても、課徴金対象行為をやめた日から6か月を経過する日が課徴金対象期間の終期となる（9か月を経過した日が終期となるのではない。）。

(4) 一般消費者の誤認のおそれの解消措置
　一般消費者の誤認のおそれの解消措置とは、事業者が、課徴金対象行為に係る表示が本法第8条第1項第1号又は第2号に該当する表示であることを、時事に関する事項を掲載する日刊新聞紙に掲載する方法その他の不当に顧客を誘引し、一般消費者による自主的かつ合理的な選択を阻害するおそれを解消する相当な方法により一般消費者に周知する措置をいう（不当景品類及び不当表示防止法施行規則（平成28年内閣府令第6号）第8条）。
　課徴金対象行為に係る表示方法、表示内容や行為態様等は個別事案により多様であるため、当該課徴金対象行為に係る表示から生じる「不当に顧

客を誘引し、一般消費者による自主的かつ合理的な選択を阻害するおそれ」を解消するため相当と認められる方法は個別事案によって異なるが、少なくとも、「一般消費者に周知する措置」である必要がある点に留意する必要がある。

〔不当景品類及び不当表示防止法施行規則〕
(法第八条第二項に規定する内閣府令で定める措置)
第八条 法第八条第二項に規定する内閣府令で定める措置は、課徴金対象行為に係る表示が同条第一項ただし書各号のいずれかに該当することを時事に関する事項を掲載する日刊新聞紙に掲載する方法その他の不当に顧客を誘引し、一般消費者による自主的かつ合理的な選択を阻害するおそれを解消する相当な方法により一般消費者に周知する措置とする。
〔本法〕
(課徴金納付命令)
第八条（略）
一 商品又は役務の品質、規格その他の内容について、実際のものよりも著しく優良であること又は事実に相違して当該事業者と同種若しくは類似の商品若しくは役務を供給している他の事業者に係るものよりも著しく優良であることを示す表示
二 商品又は役務の価格その他の取引条件について、実際のものよりも取引の相手方に著しく有利であること又は事実に相違して当該事業者と同種若しくは類似の商品若しくは役務を供給している他の事業者に係るものよりも取引の相手方に著しく有利であることを示す表示
2・3（略）

(5) 想定例
　事業者が、課徴金対象行為をやめた日より後に課徴金対象行為に係る商品又は役務の取引をしていない場合は、「課徴金対象期間」は「課徴金対象行為をした期間」と同一期間となる。
　他方、事業者が課徴金対象行為をやめた日より後に課徴金対象行為に係る商品又は役務の取引をした場合は、課徴金対象行為をやめた日から6か月を経過する日又は一般消費者の誤認のおそれの解消措置をとった日のい

ずれか早い日までの間においていつまで取引をしていたか否かによって、課徴金対象期間が異なることとなる。

以下の想定例では、必要に応じて、それぞれの場合に応じた説明をする。

なお、各想定例における「課徴金対象行為をした期間」は、各事業者が課徴金対象行為を毎日行っていない場合（例えば、週に１回行っていた場合、月に１回行っていた場合）であっても、異なるものではない。

① 商品aを製造する事業者Aが、小売業者を通じて一般消費者に対して供給する商品aの取引に際して、商品aについて優良誤認表示を内容とする包装をし、その包装がされた商品aを、平成30年４月１日から同年９月30日までの間、毎日小売業者に対し販売して引き渡した場合、事業者Aの課徴金対象行為をした期間は、平成30年４月１日から同年９月30日までとなる（小売業者の一般消費者に対する販売行為は、事業者Aの行為ではない。なお、当該小売業者が事業者Aとともに当該優良誤認表示の内容の決定に関与していた場合は、当該小売業者が一般消費者に対して商品aを販売して引き渡す行為について、別途課徴金対象行為の該当性が問題となる。）。

事業者Aは、課徴金対象行為をやめた日の翌日である平成30年10月１日以降は商品aの取引をしていないため、課徴金対象期間は、平成30年４月１日から同年９月30日までとなる。

② 事業者Bが、自ら直接一般消費者に対して販売する商品bの取引に際して、商品bについて有利誤認表示を内容とするチラシを、自ら平成30年10月１日から平成31年３月31日までの間配布した場合、事業者Bの課徴金対象行為をした期間は、平成30年10月１日から平成31年３月31日までとなる。

事業者Bが、平成31年４月１日以降は商品bの取引をしなかった場合、課徴金対象期間は平成30年10月１日から平成31年３月31日までとなる。

③ 事業者Cが、自ら直接一般消費者に対して販売する商品cの取引に際して、商品cについて優良誤認表示を内容とするポスターを平成31年

4月1日から同年9月30日までの間自己の店舗内及び店頭に掲示した場合、事業者Cの課徴金対象行為をした期間は、平成31年4月1日から同年9月30日までとなる。

　事業者Cが、平成31年10月1日以降、一般消費者の誤認のおそれの解消措置をとらないまま、商品cの取引を継続し、最後に取引をした日が平成31年12月31日であった場合、課徴金対象期間は平成31年4月1日から同年12月31日までとなる。

④ 事業者Dが、自ら直接一般消費者に対して販売する商品dの取引に際して、商品dについて優良誤認表示を内容とするテレビコマーシャルを平成31年10月1日から同月31日までの間テレビ放送局に放送させた場合、事業者Dの課徴金対象行為をした期間は、平成31年10月1日から同月31日までとなる。

　事業者Dが、平成31年11月1日以降、一般消費者の誤認のおそれの解消措置をとらないまま、商品dの取引を継続し、平成32年4月30日に取引をした上で、最後に取引をした日が平成32年8月31日であった場合、課徴金対象期間は、平成31年10月1日から平成32年4月30日（課徴金対象行為をやめてから6か月経過日までの最後の取引日）までとなる。

⑤ 事業者Eが、自ら直接一般消費者に対して販売する商品eの取引に際して、商品eについて有利誤認表示を内容とするウェブサイトを平成31年11月1日から平成32年4月30日までの間公開した場合、事業者Eの課徴金対象行為をした期間は、平成31年11月1日から平成32年4月30日までとなる。

　事業者Eが平成32年5月1日以降も商品eの取引を継続し（同年7月31日にも取引をしていた。）、最後に取引をした日が平成34年9月30日であったが、平成32年7月31日に一般消費者の誤認のおそれの解消措置をとっていた場合、課徴金対象期間は、平成31年11月1日から平成32年7月31日までとなる。

2 「課徴金対象行為に係る商品又は役務」

　課徴金対象行為は優良・有利誤認表示をする行為であるから、「課徴金対象行為に係る商品又は役務」は、優良・有利誤認表示をする行為の対象となった商品又は役務である。その「商品又は役務」は、課徴金対象行為に係る表示内容や当該行為態様等に応じて個別事案ごとに異なるものであるから、全ての場合を想定して論じることはできないが、以下、「課徴金対象行為に係る商品又は役務」に関する考え方の例を記載することとする。

(1) 全国（又は特定地域）において供給する商品又は役務であっても、具体的な表示の内容や実際に優良・有利誤認表示をした地域といった事情から、一部の地域や店舗において供給した当該商品又は役務が「課徴金対象行為に係る商品又は役務」となることがある。

＜想定例＞

> ① 事業者Aが、自ら全国において運営する複数の店舗においてうなぎ加工食品aを一般消費者に販売しているところ、平成30年4月1日から同年11月30日までの間、北海道内で配布した「北海道版」と明記したチラシにおいて、当該うなぎ加工食品について「国産うなぎ」等と記載することにより、あたかも、当該うなぎ加工食品に国産うなぎを使用しているかのように示す表示をしていたものの、実際には、同期間を通じ、外国産のうなぎを使用していた事案
> 　事業者Aの課徴金対象行為に係る商品は、事業者Aが北海道内の店舗において販売する当該うなぎ加工食品となる。

> ② 事業者Bが、自ら東京都内で運営する10店舗において振り袖bを一般消費者に販売しているところ、平成30年9月1日から同年11月30日までの間、東京都内で配布したチラシにおいて、当該振り袖について「○○店、××店、△△店限定セール実施！通常価格50万円がセール価格20万円！」（○○店、××店、△△店は東京都内にある店舗）等と記載することにより、あたかも、実売価格が「通常価格」と記載した価格に比して安いかのように表示をしていたものの、実際には、「通常価格」と記載した価格は、事業者Bが任意に設定した架空の価格であっ

て、○○店、××店、△△店において販売された実績のないものであった事案
　事業者Bの課徴金対象行為に係る商品は、事業者Bが東京都内の○○店、××店、△△店において販売する当該振り袖となる。

(2) 事業者が、自己の供給する商品又は役務を構成する一部分の内容や取引条件について問題となる表示をした場合において、（当該商品又は役務の一部分が別の商品又は役務として独立の選択〔取引〕対象となるか否かにかかわらず）その問題となる表示が、商品又は役務の一部分ではなく商品又は役務そのものの選択に影響を与えるときには、（当該商品又は役務の一部分でなく）当該商品又は役務が「課徴金対象行為に係る商品又は役務」となる。

<想定例>

① 事業者Cが、自ら運営するレストラン1店舗においてコース料理cを一般消費者に提供するに当たり、平成31年1月10日から同年12月28日までの間、当該料理について、「松阪牛ステーキを堪能できるコース料理」等との記載があるウェブサイトを公開することにより、あたかも、当該コース料理中のステーキに松阪牛を使用しているかのように表示をしていたものの、実際には、同期間を通じ、松阪牛ではない国産の牛肉を使用していた事案
　当該ウェブサイトでの表示は、一般消費者による当該コース料理の選択に影響を与えることとなるから、事業者Cの課徴金対象行為に係る役務（料理）は、「松阪牛ステーキを堪能できるコース料理」と示して提供した当該コース料理となる。

② 事業者Dが、自ら運営する旅館1軒において宿泊役務dを一般消費者に提供するに当たり、平成33年4月1日から平成34年3月31日までの間、当該宿泊役務について、「一番人気！肉食系集合!! 松阪牛ステーキ宿泊プラン」等との記載があるウェブサイトを公開することにより、あたかも、当該宿泊役務の利用者に提供する料理に松阪牛を使用して

いるかのように示す表示をしていたものの、実際には、同期間を通じ、松阪牛ではない国産の牛肉を使用していた事案

　当該ウェブサイトでの表示は、一般消費者による当該宿泊役務の選択に影響を与えることとなるから、事業者Dの課徴金対象行為に係る役務は、「松阪牛ステーキ」と示して提供した料理を含む当該宿泊役務となる。

(3) 「課徴金対象行為に係る商品又は役務」は、具体的に「著しく優良」と示された（「著しく有利」と誤認される）商品又は役務に限られる。

<想定例>

① 事業者Eが、自ら運営するレストラン1店舗において料理eを一般消費者に提供するに当たり、平成30年7月1日から平成31年12月31日までの間、同店舗内に設置したメニューにおいて、当該料理について、「松阪牛すき焼き」等と記載することにより、あたかも、記載された料理に松阪牛を使用しているかのように表示をしていたものの、実際には、平成30年7月14日から平成31年12月31日までの間、松阪牛ではない国産の牛肉を使用していた事案

　事業者Eの課徴金対象行為に係る役務（料理）は、事業者Eが松阪牛を使用していないにもかかわらず松阪牛すき焼きと示して提供した当該すき焼き料理となる（事業者Eが平成30年7月1日から同月13日までの間に実際に松阪牛を使用して提供したすきやき料理は課徴金対象行為に係る役務（料理）とならない。）。

② 事業者Fが、自ら全国において運営する複数の店舗においてスーツを一般消費者に販売するに当たり、平成30年3月1日から同年6月30日までの間、テレビコマーシャルにおいて、当該スーツについて、「スーツ全品半額」等との文字を使用した映像、「スーツ全品半額」等との音声をテレビ放送局に放送させることにより、あたかも、事業者Fが全店舗において販売するスーツの全てが表示価格の半額で販売されているかのように表示をしていたものの、実際には、表示価格2万円未満

のスーツは半額対象外であった事案
　事業者Fの課徴金対象行為に係る商品は、事業者Fが全店舗において販売するスーツ商品のうち、半額対象外であるにもかかわらず半額と示した表示価格2万円未満のスーツとなる（実際に半額対象であった表示価格2万円以上のスーツは課徴金対象行為に係る商品とならない。）。

3「政令で定める方法で算定した売上額」（算定方法）
(1)「売上額」
　課徴金額算定の基礎となる、課徴金対象行為に係る商品又は役務の「売上額」は、事業者の事業活動から生ずる収益から費用を差し引く前の数値（消費税相当額も含む。）を意味する。
　また、この「売上額」は、事業者の直接の取引先に対する売上額のことであり、当該「売上額」は、必ずしも事業者の一般消費者に対する直接の売上額のみに限られるものではない。
　例えば、自ら特定の商品を製造する事業者が、同商品について優良誤認表示をした場合において、その商品の流通経路として、当該製造事業者が一般消費者に対して直接販売する経路のほか、当該製造事業者が卸売業者や小売業者等を介して一般消費者に販売する経路があるときには、当該製造事業者から一般消費者に対する直接の販売額のみならず、当該卸売業者や小売業者等に対する販売額も、課徴金算定の基礎となる「売上額」に含まれる。
　なお、課徴金対象行為に係る商品又は役務のうち、「役務」の「売上額」については、事業者が提供する役務の内容に応じて異なることとなるが、例えば、①住宅建築請負工事や住宅リフォーム工事については工事役務の対価である工事代金、②電気通信役務については通信役務の対価である通信料金、③不動産仲介については仲介役務の対価である仲介手数料、④物品運送については運送役務の対価である運賃、⑤保険については保険の引受けの対価である保険料が、それぞれ「売上額」となる。

(2)「売上額」の算定方法（「政令で定める方法」）
　課徴金額算定の基礎となる「売上額」は、後記アのとおり算定した総売上額から、後記イの控除項目の合計額を控除して算定する（不当景品類及

び不当表示防止法施行令（平成21年政令第218号。以下「本政令」という。）第1条、第2条）。

ア 総売上額の算定

（ア）総売上額は、原則として、課徴金対象期間において引き渡された又は提供された、課徴金対象行為に係る商品又は役務の対価を合計する方法（引渡基準）によって算定する（本政令第1条）。

（イ）ただし、課徴金対象行為に係る商品又は役務の対価がその販売又は提供に関する契約を締結する際に定められる場合であって、引渡基準により算定した額と、当該課徴金対象期間において締結した契約額を合計する方法（契約基準）により算定した額の間に著しい差異を生ずる事情があると認められるときは、契約基準によって算定する（本政令第2条）。

契約基準を用いるべき、「課徴金対象行為…に係る商品又は役務の対価がその販売又は提供に係る契約の締結の際に定められる場合において、課徴金対象期間において引き渡した商品又は提供した役務の対価の額の合計額と課徴金対象期間において締結した契約により定められた商品の販売又は役務の提供の対価の額の合計額との間に著しい差異を生ずる事情があると認められるとき」（本政令第2条第1項）に該当するか否かについては、実際に両方の方法で額を計算し、その額に著しい差異が生じたか否かによってではなく、そのような著しい差異が生じる蓋然性が類型的又は定性的に認められるか否かによって判断する。

例えば、課徴金対象行為に係る商品が新築戸建分譲住宅であるときのように契約から引渡しまでに長期間を要するような場合には、契約基準を用いることがあると考えられる。

〔本政令〕
（法第八条第一項に規定する政令で定める売上額の算定の方法）
第一条 不当景品類及び不当表示防止法（以下「法」という。）第八条第一項に規定する政令で定める売上額の算定の方法は、次条に定めるものを除き、法第八条第二項に規定する課徴金対象期間（以下単に「課徴金対象期間」という。）において引き渡した商品又は提供した役務の対価の額を合計する方法とする。この場合において、次の各号に掲げる場合に該当するときは、当該各号に定める額を控除するものとする。
一〜三 （略）

> 第二条　法第八条第一項に規定する課徴金対象行為（以下単に「課徴金対象行為」という。）に係る商品又は役務の対価がその販売又は提供に係る契約の締結の際に定められる場合において、課徴金対象期間において引き渡した商品又は提供した役務の対価の額の合計額と課徴金対象期間において締結した契約により定められた商品の販売又は役務の提供の対価の額の合計額との間に著しい差異を生ずる事情があると認められるときは、同項に規定する売上額の算定の方法は、課徴金対象期間において締結した契約により定められた商品の販売又は役務の提供の対価の額を合計する方法とする。
> 2（略）

イ　総売上額からの控除項目
（ア）総売上額を引渡基準により算定する場合、総売上額からの控除項目は、以下のとおりとなる。
① 本政令第1条第1号に該当する値引き額
　課徴金対象期間において商品の量目不足、品質不良又は破損、役務の不足又は不良その他の事由により対価の額の全部又は一部が控除された場合における控除額
② 本政令第1条第2号に該当する返品額
　課徴金対象期間に返品された場合における返品商品の対価相当額
③ 本政令第1条第3号に該当する割戻金の額
　商品の引渡し又は役務の提供の実績に応じて割戻金を支払うべき旨が書面によって明らかな契約があった場合に、当該契約に基づき課徴金対象期間におけるその実績により算定した割戻金の額

　なお、本政令第1条第1号又は第2号は、それぞれ、課徴金対象期間内に商品の量目不足等により対価の額が控除された場合における控除額や同期間内に返品された場合における返品商品の対価相当額を控除することを規定するものであり、課徴金対象期間中に引き渡した又は提供した商品又は役務の値引き又は返品であるか否かは、本政令第1条第1号又は同条第2号の該当性とは関係がない。これに対し、本政令第1条第3号に該当する割戻金の額は、課徴金対象期間中に引き渡した商品又は提供した役務に対応する割戻金の額に限定される。

第6章　2016年4月にスタートした課徴金

　（イ）契約基準により「売上額」を算定する場合には、割戻金の額が総売上額からの控除項目となる（本政令第2条第2項）。
　なお、引渡基準により算定する場合には総売上額からの控除項目となる不足等による値引きと返品は、契約基準により算定する場合には契約の修正という形で行われ、修正された契約額が総売上額となる。

〔本政令〕
（法第八条第一項に規定する政令で定める売上額の算定の方法）
第一条　不当景品類及び不当表示防止法（以下「法」という。）第八条第一項に規定する政令で定める売上額の算定の方法は、次条に定めるものを除き、法第八条第二項に規定する課徴金対象期間（以下単に「課徴金対象期間」という。）において引き渡した商品又は提供した役務の対価の額を合計する方法とする。この場合において、次の各号に掲げる場合に該当するときは、当該各号に定める額を控除するものとする。
　一　課徴金対象期間において商品の量目不足、品質不良又は破損、役務の不足又は不良その他の事由により対価の額の全部又は一部を控除した場合　控除した額
　二　課徴金対象期間において商品が返品された場合、返品された商品の対価の額
　三　商品の引渡し又は役務の提供を行う者が引渡し又は提供の実績に応じて割戻金の支払を行うべき旨が書面によって明らかな契約（一定の期間内の実績が一定の額又は数量に達しない場合に割戻しを行わない旨を定めるものを除く。）があった場合課徴金対象期間におけるその実績について当該契約で定めるところにより算定した割戻金の額（一定の期間内の実績に応じて異なる割合又は額によって算定すべき場合にあっては、それらのうち最も低い割合又は額により算定した額）

第二条（略）
2　前条（第三号に係る部分に限る。）の規定は、前項に規定する方法により売上額を算定する場合に準用する。

第5　「相当の注意を怠つた者でないと認められる」か否か
　事業者が課徴金対象行為をした場合であっても、当該事業者が、「課徴金

対象行為をした期間を通じて」、自らが行った表示が本法第8条第1項第1号又は第2号に該当することを「知らず、かつ、知らないことにつき相当の注意を怠つた者でないと認められるとき」は、消費者庁長官は、課徴金の納付を命ずることができない（本法第8条第1項ただし書）。

　なお、「知らず、かつ、知らないことにつき相当の注意を怠つた者でないと認められる」か否かは、事業者が課徴金対象行為をした場合に判断する必要があるものである。したがって、例えば、事業者が、公正競争規約に沿った表示のように優良・有利誤認表示に該当しない表示をした場合等、課徴金対象行為が成立しないときは、当該事業者について、「相当の注意を怠つた者でないと認められる」か否かを判断するまでもなく、課徴金の納付を命ずることはない。

〔本法〕
（課徴金納付命令）
第八条　事業者が、第五条の規定に違反する行為（同条第三号に該当する表示に係るものを除く。以下「課徴金対象行為」という。）をしたときは、内閣総理大臣は、当該事業者に対し、当該課徴金対象行為に係る課徴金対象期間に取引をした当該課徴金対象行為に係る商品又は役務の政令で定める方法により算定した売上額に百分の三を乗じて得た額に相当する額の課徴金を国庫に納付することを命じなければならない。ただし、当該事業者が当該課徴金対象行為をした期間を通じて当該課徴金対象行為に係る表示が次の各号のいずれかに該当することを知らず、かつ、知らないことにつき相当の注意を怠つた者でないと認められるとき、又はその額が百五十万円未満であるときは、その納付を命ずることができない。
一　商品又は役務の品質、規格その他の内容について、実際のものよりも著しく優良であること又は事実に相違して当該事業者と同種若しくは類似の商品若しくは役務を供給している他の事業者に係るものよりも著しく優良であることを示す表示
二　商品又は役務の価格その他の取引条件について、実際のものよりも取引の相手方に著しく有利であること又は事実に相違して当該事業者と同種若しくは類似の商品若しくは役務を供給している他の事業者に係るものよりも取引の相手方に著しく有利であることを示す表示
2・3（略）

第6章　2016年4月にスタートした課徴金

1「相当の注意を怠つた者でないと認められる」　　………………………………………※
　課徴金対象行為をした事業者が、当該課徴金対象行為をした期間を通じて自らが行った表示が本法第8条第1項第1号又は第2号に該当することを「知らないことにつき相当の注意を怠つた者でないと認められる」か否かは、当該事業者が課徴金対象行為に係る表示をする際に、当該表示の根拠となる情報を確認するなど、正常な商慣習に照らし必要とされる注意をしていたか否かにより、個別事案ごとに判断されることとなる（なお、ここでいう正常な商慣習とは、一般消費者の利益の保護の見地から是認されるものをいう。したがって、仮に、例えば自己の供給する商品の内容について一切確認することなく表示をするといった一定の商慣習が現に存在し、それには反していなかったとしても、そのことによって直ちに「知らないことにつき相当の注意を怠つた者でないと認められる」わけではないことに留意する必要がある。）。
　当該判断に当たっては、当該事業者の業態や規模、課徴金対象行為に係る商品又は役務の内容、課徴金対象行為に係る表示内容及び課徴金対象行為の態様等を勘案することとなるが、当該事業者が、必要かつ適切な範囲で、「事業者が講ずべき景品類の提供及び表示の管理上の措置についての指針」（平成26 年内閣府告示第276 号）に沿うような具体的な措置を講じていた場合には、「相当の注意を怠つた者でない」と認められると考えられる（「事業者が講ずべき景品類の提供及び表示の管理上の措置についての指針」：http://www.caa.go.jp/representation/pdf/141114premiums_5.pdf）。

2「課徴金対象行為をした期間を通じて」
(1) 消費者庁長官が課徴金の納付を命ずることができないのは、課徴金対象行為をした事業者が、課徴金対象行為をした期間を通じて、自らが行った表示が本法第8条第1項第1号又は第2号に該当することを「知らず、かつ、知らないことにつき相当の注意を怠つた者でないと認められるとき」である。
　　このため、課徴金対象行為を始めた日には「知らず、かつ、知らないことにつき相当の注意を怠つた者でないと認められる」場合であったとしても、課徴金対象行為をした期間中のいずれかの時点で「知らず、かつ、知らないことにつき相当の注意を怠つた者でないと認められ」ないときは、課徴金の納付を命ずることとなる。例えば、事業者が、課徴金対象行為を始めた日には「知らず、かつ、知らないことにつき相当の注

著者注※図表5-2 で説明したコンプライアンス体制が整っていると「相当の注意を怠ったものでない」と認められる。

意を怠つた者でないと認められる」ものであったものの、当該課徴金対象行為をしている期間中に、同事業者の従業員の報告や第三者からの指摘を受けるなどしたにもかかわらず、何ら必要かつ適切な調査・確認等を行わなかったときには、「課徴金対象行為をした期間を通じて」「知らず、かつ、知らないことにつき相当の注意を怠った者でないと認められ」ず、課徴金の納付を命ずることとなる。

　なお、事業者が課徴金対象行為をやめた後における当該事業者の認識の有無等は、直接の判断対象ではない。

(2) 課徴金対象行為をした事業者が、当該課徴金対象行為を始めた日から当該課徴金対象行為に係る表示が本法第8条第1項第1号又は第2号に該当することを知るまでの期間を通じて当該事実を知らないことにつき相当の注意を怠った者でない場合であって、当該事実を知った後に速やかに課徴金対象行為をやめたときは、当該事業者が当該「課徴金対象行為をした期間を通じて」当該課徴金対象行為に係る表示が本法第8条第1項第1号又は第2号に該当することを知らず、かつ、知らないことにつき相当の注意を怠った者でないと「認められる」と考えられる。

(3) 他方、当該事業者が、当該表示が本法第8条第1項第1号又は第2号に該当することを知った後に速やかに課徴金対象行為をやめなかったときには、課徴金対象行為をした期間を通じて相当の注意を怠った者でないと認められない。かかる場合の課徴金額算定の基礎は、「課徴金対象期間に取引をした当該課徴金対象行為に係る商品又は役務の（略）売上額」となる（本法第8条第1項本文。自らが行った表示が本法第8条第1項第1号又は第2号に該当することを知った日以降の当該商品又は役務の売上額のみが課徴金額算定の基礎となるわけではない。）。

3　想定例
　課徴金対象行為をした事業者が、課徴金対象行為をした期間を通じて自らが行った表示が本法第8条第1項第1号又は第2号に該当することを「知らず、かつ、知らないことにつき相当の注意を怠つた者でないと認められる」か否かは、個別事案ごとに異なるものである。
　このため、全ての場合を想定して論じることはできないが、以下、課徴金対象行為をした期間を通じて当該課徴金対象行為に係る表示が本法第8

条第1項第1号又は第2号に該当することを「知らず、かつ、知らないことにつき相当の注意を怠つた者でないと認められる」と考えられる想定例を記載することとする。

① 製造業者Aが、自ら製造するシャツを、小売業者を通じて一般消費者に販売するに当たり、当該シャツについて、「通気性が従来製品の10倍」等との記載があるウェブサイトを公開することにより、あたかも、当該シャツの通気性が自社の従来製品の10倍であるかのように示す表示をしていたものの、実際には、そのような通気性を有さなかった事案
　当該事案において、製造業者Aが、
・上記表示をする際に、実績がある等信頼できる検査機関に通気性試験を依頼し、通気性が自社の従来製品の10倍であるという試験結果報告を受けて当該報告内容を確認していたところ
・当該検査機関による再試験の結果、実際には、上記表示をする際に依頼した試験結果に誤りがあったことが明らかとなり、速やかに当該表示に係る課徴金対象行為をやめた場合

② 小売業者Bが、卸売業者から仕入れた鶏肉を用いて自ら製造したおにぎりを一般消費者に供給するに当たり、当該おにぎりについて、当該おにぎりの包装袋に貼付したシールにおいて、「国産鶏肉使用」等と記載することにより、あたかも、当該商品の原材料に我が国で肥育された鶏の肉を用いているかのように示す表示をしていたものの、実際には、当該商品の原材料に外国で肥育された鶏の肉を用いていた事案
　当該事案において、小売業者Bが、
・上記表示をする際に、卸売業者から交付された生産者作成に係る証明書に「国産鶏」と記載されていることを確認していたところ、
・当該卸売業者から鶏肉の仕入れをしていた別の小売業者の指摘を契機として、実際には、当該証明書の記載は当該生産者による虚偽の記載であったことが明らかになり、速やかに当該表示に係る課徴金対象行為をやめた場合

③　小売業者Ｃが、卸売業者から仕入れた健康食品を、自ら全国において運営するドラッグストアにおいて一般消費者に販売するに当たり、当該健康食品について、全店舗の店頭ポップにおいて、「アセロラ由来のビタミンＣ含有の健康食品です。」等と記載することにより、あたかも、当該健康食品に含有されているビタミンＣがアセロラ果実から得られたものであるかのように示す表示をしていたものの、実際には、当該健康食品に含有されているビタミンＣは化学合成により製造されたものであった事案

　　当該事案において、小売業者Ｃが、
・上記表示をする際に、卸売業者から仕入れた当該健康食品のパッケージに「アセロラ由来のビタミンＣ含有」との記載があることを確認していたところ、
・消費者庁から当該健康食品の表示に関する質問を受け、この後に速やかに当該健康食品の製造業者に問い質したところ、実際には、当該健康食品に含有されているビタミンＣはアセロラ果実から得られたものではなく化学合成により製造されたものであったことが明らかとなり、速やかに当該表示に係る課徴金対象行為をやめた場合

④　小売業者Ｄが、製造業者から仕入れた布団を通信販売の方法により一般消費者に販売するに当たり、当該布団について、テレビショッピング番組において、「カシミヤ80％」との文字を使用した映像及び「ぜいたくにカシミヤを80％使いました」等の音声をテレビ放送局に放送させることにより、あたかも、当該布団の詰め物の原材料としてカシミヤが80％用いられているかのように示す表示をしていたものの、実際には、当該布団の詰め物の原材料にカシミヤは用いられていなかった事案

　　当該事案において、小売業者Ｄが、
・上記表示をする際に、当該布団を製造した事業者からカシミヤを80％含んでいる旨の混合率に関する検査結果報告を提出させ、当該報告を確認していたところ、
・当該布団を含め自社で取り扱っている全商品について実施した抜き打ち検査により、実際には、当該布団にはカシミヤが用いられていないことが明らかとなり、速やかに当該表示に係る課徴金対象行為をや

めた場合

⑤　旅行業者Ｅが、自ら企画した募集型企画旅行（旅行業者があらかじめ旅行計画を作成し、旅行者を募集するもの）を、自ら全国において運営する複数の店舗において一般消費者に提供するに当たり、当該旅行について、全店舗に設置したパンフレットにおいて、「豪華　松阪牛のすき焼きを食す旅」等と記載することにより、あたかも、当該旅行の行程中に提供される料理（すき焼き）が松阪牛を使用したものであるかのように示す表示をしていたものの、実際には、松阪牛ではない外国産の牛肉を使用したすき焼きが提供されていた事案
　　当該事案において、旅行業者Ｅが、
・上記表示をする際に、当該旅行の行程における宿泊先であるホテルで提供されるすき焼きの食材について、ホテル運営事業者との間で当該旅行の宿泊客に対して松阪牛を使用したすき焼きを提供することを合意し、当該ホテル運営事業者を通じて松阪牛を納入する事業者から松阪牛の納入に関する証明書の提出を受けて確認していたところ、
・当該ホテル運営事業者の従業員からの申告を契機として、実際には、当該ホテル運営事業者の独断ですき焼きに松阪牛以外の外国産の牛肉を使用したすき焼きが提供されていたことが明らかとなり、速やかに当該表示に係る課徴金対象行為をやめた場合

第６　規模基準　　　　　　　　　　　　　　　　　　　　　………※

　本法第８条第１項の規定により算定した課徴金額が150万円未満（課徴金対象行為に係る商品又は役務の売上額が5000万円未満）であるときは、課徴金の納付を命ずることができない（本法第８条第１項ただし書）。
　なお、「その額」すなわち「課徴金対象期間に取引をした当該課徴金対象行為に係る商品又は役務の政令で定める方法により算定した売上額」に３％を乗じて得た額（本法第８条第１項本文により算定した課徴金額。算定方法について前記第４参照。）が150万円以上である場合、課徴金対象行為に該当する事実の報告や返金措置の実施による課徴金額の減額の結果、減額後の金額が150万円未満になったとしても、当該減額後の金額について、課徴金の納付を命ずることとなる。

著者注※課徴金を課される商品やサービスの売上額が5000万円未満のケースは対象外とされる。

＜想定例＞
　事業者が行った課徴金対象行為について、本法第8条第1項の規定により算定した課徴金額が200万円である場合において、当該事業者が本法第9条の要件を満たす課徴金対象行為に該当する事実の報告を行い課徴金額から50％相当額が減額され、更に所定の要件を満たす返金措置の実施により課徴金額から50万円が減額されることとなったとき、当該事業者に対して、50万円（200万円－200万円×50％－50万円）の課徴金の納付を命ずることとなる。

〔本法〕
（課徴金納付命令）
第八条　事業者が、第五条の規定に違反する行為（同条第三号に該当する表示に係るものを除く。以下「課徴金対象行為」という。）をしたときは、内閣総理大臣は、当該事業者に対し、当該課徴金対象行為に係る課徴金対象期間に取引をした当該課徴金対象行為に係る商品又は役務の政令で定める方法により算定した売上額に百分の三を乗じて得た額に相当する額の課徴金を国庫に納付することを命じなければならない。ただし、当該事業者が当該課徴金対象行為をした期間を通じて当該課徴金対象行為に係る表示が次の各号のいずれかに該当することを知らず、かつ、知らないことにつき相当の注意を怠つた者でないと認められるとき、又はその額が百五十万円未満であるときは、その納付を命ずることができない。
一・二（略）
2・3（略）

第7　課徴金納付命令に関する不実証広告規制
　消費者庁長官は、課徴金納付命令に関し、例えばダイエット効果を標ぼうする商品や器具等の効果や性能に関する表示が優良誤認表示に該当するか否かを判断するため必要があるときは、当該表示を行った事業者に対し、期間を定めて、当該表示の裏付けとなる合理的な根拠を示す資料の提出を求めることができ、この場合において、当該事業者が当該資料を提出しないときは、消費者庁長官が当該表示について実際のものとは異なるもので

あること等の具体的な立証を行うまでもなく、当該表示を優良誤認表示と推定する（本法第8条第3項）。

　事業者は、自らが行った表示について本法第8条第3項の規定により優良誤認表示であると「推定」された場合には、資料提出期間経過後であっても、当該表示の裏付けとなる合理的な根拠を示す新しい資料を提出し、当該表示が優良誤認表示には該当しないことを主張することができる。

　なお、合理的な根拠を示す資料の提出要求は、上記のとおり課徴金納付命令に関して行われる場合のほか、本法第7条第2項により、同条第1項による命令（措置命令）に関して行われる場合がある。かかる場合において、当該資料の提出要求を受けた事業者が当該資料を提出しないときは、消費者庁長官が当該表示について実際のものとは異なるものであること等の具体的な立証を行うまでもなく、当該表示は優良誤認表示とみなされる（本法第7条第2項）。

　本法第7条第2項と本法第8条第3項は、表示の裏付けとなる合理的な根拠を示す資料の提出の求めを受けた事業者が当該資料を提出しないときに、優良誤認表示であると「みなす」か「推定する」かという効果の点において異なるが、その他は同様である。

　このため、本法第8条第3項の適用についての考え方、「合理的な根拠」の判断基準及び表示の裏付けとなる合理的な根拠を示す資料の提出手続は、「不当景品類及び不当表示防止法第7条第2項の運用指針」（平成15年10月28日公正取引委員会）と同様である。

〔本法〕
（課徴金納付命令）
第八条　事業者が、第五条の規定に違反する行為（同条第三号に該当する表示に係るものを除く。以下「課徴金対象行為」という。）をしたときは、内閣総理大臣は、当該事業者に対し、当該課徴金対象行為に係る課徴金対象期間に取引をした当該課徴金対象行為に係る商品又は役務の政令で定める方法により算定した売上額に百分の三を乗じて得た額に相当する額の課徴金を国庫に納付することを命じなければならない。ただし、当該事業者が当該課徴金対象行為をした期間を通じて当該課徴金対象行為に係る表示が次の各号のいずれかに該当することを知らず、かつ、知らないことにつき相当の注意を怠

つた者でないと認められるとき、又はその額が百五十万円未満であるときは、その納付を命ずることができない。
　一・二（略）
２（略）
３　内閣総理大臣は、第一項の規定による命令（以下「課徴金納付命令」という。）に関し、事業者がした表示が第五条第一号に該当するか否かを判断するため必要があると認めるときは、当該表示をした事業者に対し、期間を定めて、当該表示の裏付けとなる合理的な根拠を示す資料の提出を求めることができる。この場合において、当該事業者が当該資料を提出しないときは、同項の規定の適用については、当該表示は同号に該当する表示と推定する。

第七条　内閣総理大臣は、第四条の規定による制限若しくは禁止又は第五条の規定に違反する行為があるときは、当該事業者に対し、その行為の差止め若しくはその行為が再び行われることを防止するために必要な事項又はこれらの実施に関連する公示その他必要な事項を命ずることができる。その命令は、当該違反行為が既になくなつている場合においても、次に掲げる者に対し、することができる。
一　当該違反行為をした事業者
二　当該違反行為をした事業者が法人である場合において、当該法人が合併により消滅したときにおける合併後存続し、又は合併により設立された法人
三　当該違反行為をした事業者が法人である場合において、当該法人から分割により当該違反行為に係る事業の全部又は一部を承継した法人
四　当該違反行為をした事業者から当該違反行為に係る事業の全部又は一部を譲り受けた事業者
２　内閣総理大臣は、前項の規定による命令に関し、事業者がした表示が第五条第一号に該当するか否かを判断するため必要があると認めるときは、当該表示をした事業者に対し、期間を定めて、当該表示の裏付けとなる合理的な根拠を示す資料の提出を求めることができる。この場合において、当該事業者が当該資料を提出しないときは、同項の規定の適用については、当該表示は同号に該当する表示とみなす。

エピローグ
景表法3つのスキームと
ELM理論

▶法をクリアしてチャンスをものにする

　私は、前著『4年でビリオネアへの道』(※)で、健康美容ビジネスで勝つには、私が提唱するELM理論を駆使することが不可欠であることを説いた。その執筆動機には、健康食品マーケットの様相を一変させる機能性表示食品制度のスタート（2015年4月）があった。

　機能性表示は、一般食品・健康食品の双方をカバーする制度だ。しっかりしたエビデンスさえあれば、自社が販売する食品の有する機能性（健康に及ぼす効果・効能）を表示できる。

　競合者の多くが、まだ十分機能性表示に対応しきれていない早期に活用するほど、マーケットで優位に立つことができる。いわば、絶好のビジネスチャンスが到来しているわけだ。

　しかし、効能・効果をウリにする商材に関しては、消費者保護の観点からその表示を規制する法律も存在する。薬事法や景表法などである。そして、その実際の運用は、表には現れない行政の動向によっても、刻々と変化していく。

　そのため、千載一遇のチャンスが目の前にあっても、実際にそのチャンスを活かせるのは、関連法規を熟知し、かつリアルタイムの運用実態をわかっているプレーヤーのみなのである。その際、エビデンスを正しく評価できる医学的・統計学的な物差しも不可欠だ。

　その必要性を満たすソリューションが、ELM理論である。

※『機能性表示とノウハウカルテットで4年でビリオネアへの道』(河出書房新社)

▶マーケティングの最強ツール「ELM理論」

　ELM理論とは、「エビデンス」「リーガル」「マーケティング」の各理論を、三位一体で融合させるマーケティング理論だ。これは、商材の強みにしっかり結びついたエビデンスを備え、薬事法などの規制を踏まえてどこまで魅力を謳えるか分析した上で、マーケティング的に最大の訴求を展開していくという考え方だ。

　ちなみに、前著のテーマとした「ノウハウカルテット」は、ELM理論をはじめとする4つのノウハウを指す。興味のある方は前著を一読していただきたいが、具体的には、ELM理論を柱として、マーケットリサーチ理論（MR理論）、鵜飼理論、サイコCRM理論とともに展開していく。

　これは、いわば〝攻めの理論〟である。実際、ゼロからスタートしたプレーヤーが、このノウハウカルテットを実践し、2年半で年商100億に至った例などが存在する。激烈な競争の中で勝ち抜いていくには、どこもできていない攻めの広告を展開できるかどうかが勝負だ。

　本書で解説している3つのスキームは、景表法の措置命令そして課徴金を回避することを直接の目的としており、プレーヤーの砦を固める〝守りの理論〟と言えるだろう。

　だが、エビデンスの適格性、広告との対応性、コンプライアン

ス体制という3つのスキームは、実際のフィールドではノウハウカルテットと表裏一体で機能する。効果的にマーケットを攻めるために、足元を固める理論ととらえれば、実はこのスキームトリオも景表法を凌駕する攻めの理論なのである。

　ノウハウカルテットと同様、景表法をクリアーする3つのスキームも、その根本には、ELM理論という確固たるベース理論がある。

　やはり、規制の厳しいマーケットで勝者となるキーは、攻めるも守るも「エビデンス」「リーガル」「マーケティング」の融合なのだ。

　現在、健康美容ビジネス分野で急成長しているプレーヤーは、私のコンサルティングを受け、この3つのキーワードをよく理解し、攻めの広告を展開しているプレーヤーが少なくない。

　今、私の下には「これであなたもスコア100を切れる」というゴルフスクールの広告がどうしたら可能になるのか？　どういうエビデンスを備えればよいのか？　といった相談も来ている。

　ELM理論は、健康美容ビジネスにとどまらず、あらゆる分野のマーケティングで物を言うようになるだろう。

付章 消費者庁を補完する適格消費者団体のパトロール

▶適格消費者団体の差止訴訟

健康食品の業界で、G研究会のチラシは有名だ。クロレラの効果効能が、体験談を通していろいろ述べられていた。このチラシ、たぶん20年近く撒かれてきた。

同研究会はH社の別動隊であると、後に裁判で認定されることになったが、H社がこのチラシを撒いたら薬事法違反だ。しかし、なぜか長年放置されていた。

そこを突いたのが、適格消費者団体・京都消費者契約ネットワークで、H社を被告として、このチラシをやめるように景表法に基づき差止請求訴訟を提起した。

京都消費者契約ネットワークは、H社と何の利害関係もないが、いわば公益の代表者として、不当表示の広告などに対して差止訴訟を提起できるのだ。

これができるのは、消費者団体のうちでも国が認めたもので、「適格消費者団体」と呼ばれる。現在（2016年7月11日現在）、国に認定された団体として、消費者機構日本（東京）、消費者支援機構関西（大阪）、消費者被害防止ネットワーク東海（名古屋）など、全国に14の適格消費者団体がある（→152ページ　図表F‐1）。

▶終止符を打たれたクロレラチラシ

京都消費者契約ネットワークが提起した差止請求訴訟で、2015年1月27日、京都地裁は差止を認める判決を下した（これまで撒

いたチラシの内容が優良誤認であることを告知するチラシを撒くことも要求している）。医薬品でないのに病気が治るなど医薬品的効能をうたっているのは消費者に誤認を与える、という理屈だった（→153ページ　図表F - 2）。

　H社は直ちに控訴したが、控訴審の最中にチラシを自ら止めることにした（そのため控訴審ではH社が勝訴した）。20年近く続いていたチラシ配布に終止符が打たれたわけだ。

　このように、適格消費者団体による差止の制度は、優良誤認・有利誤認の広告を葬り去る効果を有し、事業者にとっては措置命令や課徴金と同様の脅威となっている（他社のブルーベリーサプリが追及されているケースもある→176ページ　図表F - 4）。

▶アフィリエイトサイトやサテライトサイト

　この手の差止請求で今後の推移が注目されるのが、食品メーカーI社のしじみサプリに対する適格消費者団体・消費者支援機構関西の差止請求だ。

　1月16日のI社側からの回答が、同団体のHP上に示されている（→171ページ　図表F - 3）。

　争点は以下の3点だ。

①しじみサプリのWeb上の表記、twitterのプロモーションなどについて

　要請内容：「休肝日の代わりにしじみ■■」「休肝日？私はしじみ■■」など、しじみサプリを摂取することが休肝日を設けるこ

との代わりになるかのような表記を停止するよう求めた。

　回答：それに応じる旨、回答されている。

②アフィリエイトについて

　要請内容：アフィリエイト（インターネット広告）の方法で薬事法、景表法、特商法[※]に抵触する事態が生じないよう要請。

　回答：「検索を行い、アフィリエイト広告が法令に遵守しているか確認します。また、遵守されていない場合は発注先へ協力を要請します」との回答が示され、アフィリエイトサイトの法令遵守をコミットしている。

③サテライトサイト（プレーヤーが第三者を装って立ち上げるサイト）について

　要請内容：自社サイト以外で、同社または同社の関係者が同社製品の広告のためのサイトを設置するときは、それが同社あるいは同社の関係者が設置したサイトであること、及びその内容が広告であることを明示するよう要請。

　回答：「弊社および弊社関係者が設置したサイトの場合は、その旨を広告代理店等へ要請していきます」との回答で、サテライトサイトであること、広告であることを示すことを約している。広告なら当然、薬事法・景表法がカバーする。

　この回答通りに推移していくのであれば、サテライトサイトは姿を消し、アフィリエイトサイトも法令遵守のサイトは現状極めて少ないので相当数を減らすものと思われる。

　この件が今後のWebプロモーションにどういう影響を及ぼし

ていくのか、大変注目される。

※特商法：「特定商取引に関する法律」の略称。訪問販売や通信販売等の特定商取引を公正にし、購入者等の利益の保護等を目的としている。

▶追記

　本書の校正段階で重要な動きがあったので、ここで簡単に触れておきたい。

1．ブルーベリーサプリで適格消費者団体の追及を受けたJ社は、その追及は収束させたものの、平成28年3月30日、黒酢のLPを対象として措置命令を受けた。この事例では、エビデンスは一応あったので、①エビデンスとしての適格性、②広告との対応性という視角があれば、措置命令には至らなかったと思う。私は薬事法ドットコムの4月26日のセミナーでその点を説明したので、興味のある方はWeb視聴していただきたい（薬事法ドットコムHPのセミナーページから申し込める）。

2．平成28年4月20日に、消費者庁は（A）健康増進法のガイドラインを改定する通知と（B）第3章で触れた2013年12月24日の消費者庁通知の改定案を公表した（→188ページ　図表F - 6、189ページ　図表F - 7）。（A）はインターネット媒体も責任主体となることを明記し、（B）はアフィリエイトサイトや口コミサイトに対するプレーヤーの責任を明記している。Webプロモーションの比重が増す中で、マーケティングにきわめて重要な動きであり、6月17日にセミナーを実施したので、興味のある方はWeb視聴していただきたい。

図表F - 1　現在の適格消費者団体

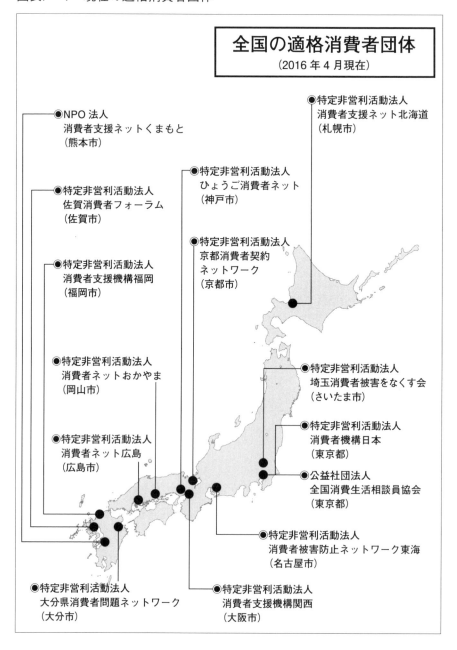

付章　消費者庁を補完する適格消費者団体のパトロール

図表F-2　クロレラチラシ事件の第一審判決

平成26年（ワ）第116号　クロレラチラシ配布差止等請求事件
口頭弁論終結の日　平成26年11月11日
　　　　　　　　　　判　　　　決
　　　　　京都市中京区烏丸二条下ル秋野々町529番地
　　　　　　　原　　告　　　　特定非営利活動法人京都
　　　　　　　　　　　　　　　消費者契約ネットワーク
　　　　　　　　上記代表者理事　高　嶌　英　弘
　　　　　　　　上記訴訟代理人弁護士　長　野　浩　三
　　　　　　　　同　　　　　　　志　部　淳之介
　　　　　　　　同　　　　　　　大　高　友　一
　　　　　　　　同　　　　　　　大　濱　巖　生
　　　　　　　　同　　　　　　　西　谷　拓　哉
　　　　　　　　同　　　　　　　中　島　俊　明
　　　　　京都市下京区■■■■■■■■■■番地
　　　　　　　被　　告　　　　■■■■■■■株式会社
　　　　　　　　上記代表者代表取締役　■　■　■　■
　　　　　　　　上記訴訟代理人弁護士　■　■　■　■

　　　　　　　　　　主　　　　文
1　被告は，別紙1の1に記載の媒体において，同1の2に記載の内容を
　表示してはならない。……………………………(A)
2　被告は，第三者をして，別紙1の1に記載の媒体において，同1の2
　に記載の内容を表示させてはならない。
3　被告は，別紙2に記載とおりの広告を，別紙3に記載の条件で1回配布
　せよ。……………………………(B)
4　訴訟費用は，被告の負担とする。

　　　　　　　　　　事　　　　実
第1　当事者の求めた裁判
　1　請求の趣旨

著者注　(A)　医薬品でないのに医薬的効果をうたっていたことを以て誤認させていたと考えて
　　　　　　いる。エビデンスの有無は問題としていない。
　　　　(B)　判決において虚偽の広告をした旨を告知するチラシを配布するよう命じている。

特定非営利活動法人京都消費者契約ネットワークホームページ「申し入れ・差止請求」より。
http://kccn.jp/data/mousiiresasitome/kenkoushokuhin/sankurorera/20150121sankurorera-
kyototisaihanketu.pdf
「2015年1月21日　京都地裁判決」の全文。企業名，住所，代表者名，弁護士名，商品名，関連組織名，
関連人物名を伏せ字とした。

153

（1）主文と同じ。
　（2）仮執行宣言。
 2　請求の趣旨に対する答弁
　（1）原告の請求をいずれも棄却する。
　（2）訴訟費用は原告の負担とする。

第2　当事者の主張
【請求原因】
 1　当事者
　原告は，平成19年12月25日，消費者契約法13条1項に基づく内閣総理大臣の認定を受けた適格消費者団体である。
　被告は，健康食品の小売販売等を目的とする株式会社であり，不当景品類及び不当表示防止法（以下「景表法」という。）2条1項及び消費者契約法2条2項の「事業者」に該当する。
 2　「■■■■■」や「■■■■■」等の販売
　被告は，不特定多数の消費者に対し，クロレラを含有する「■■■■■■」やウコギを含有する「■■■■■」等の商品（以下，被告が販売する商品を「被告商品」という。）を販売している。
　被告商品は，いずれも，薬事法（昭和35年法律第145号。平成25年法律第84号が平成26年11月25日施行されたことにより，法律名が「医薬品，医療機器等の品質，有効性及び安全性の確保等に関する法律」となった。以下，同法による改正の前後を通じて「薬事法」という。）2条1項1号所定の医薬品ではないし，薬事法14条1項による承認を受けて製造販売されているわけでもない（なお，以下，本判決において「医薬品」という場合は，薬事法2条1項2号所定の「人…の疾病の診断，治療又は予防に使用されることが目的とされている物」又は同項3号所定の「人…の身体の構造又は機能に影響を及ぼすことが目的とされている物」を指し，医薬品に関する「承認」とは薬事法14条1項による承認を指す。）。
 3　被告による新聞折込チラシの作成配布
　（1）■■■■■研究会（以下「■■■研究会」という。）という組織が作成したという体裁で，不特定多数の消費者に向け，クロレラやウコギの薬効を説明した新聞折込チラシ（以下「研究会チラシ」

という。）が定期的に配布されている。
  (2) 研究会チラシには，クロレラ（C.G.F.）には「病気と闘う免疫力を整える」「細胞の働きを活発にする」「排毒・解毒作用」「高血圧・動脈硬化の予防」「肝臓・腎臓の働きを活発にする」等の薬効があり，ウコギには，「神経衰弱・自律神経失調症改善作用」「ホルモンバランス調整」「抗ストレス作用・疲労回復作用」「鎮静作用による緊張の緩和・睡眠安定」「抗アレルギー作用」等の薬効があることが記載されている。
  さらに，研究会チラシには，クロレラ（C.G.F.）やウコギを服用すれば，腰部脊柱管狭窄症，肺気腫，自律神経失調症，高血圧などの慢性的な疾患の症状が改善されるとの薬効も記載されている。
  (3) ■■■■研究会は被告の会社組織の一部に過ぎないから，研究会チラシを作成し配布したのは被告自身である。その理由は次のとおりである。
  ■■■■研究会の会長である「二代目■■■■」は被告取締役■■■■と同一人物であり，■■■■研究会の京都本部は被告本店所在地にある。また，研究会チラシに表示された■■■■研究会の電話番号の回線契約者は被告である。
  さらに，■■■■研究会に資料請求すると，■■■■研究会作成名義の資料（甲11の1ないし9）が送付されてくるだけでなく，被告商品のカタログ（甲9の1）や注文書（甲9の2ないし4）が送付されてくるのである。
4 研究会チラシが被告商品の内容や表示するものであること
  (1) 研究会チラシでは，「クロレラ」「ウコギ」という一般的な原材料の表示がされているだけであるが，この原材料の名称は被告商品である「■■■■■」「■■■■」の商品名と類似している。また，研究会チラシでは，被告の独自技術とされている細胞壁破砕技術を用いた細胞壁破砕クロレラが紹介されているし，被告は，クロレラを用いた商品を販売する会社であるとして知名度が高いから，研究会チラシを見た一般消費者は，研究会チラシを被告商品のチラシであると認識すると考えられる。
  (2) 研究会チラシに従って■■■■研究会に資料請求すると，被告商品のカタログや申込書等が送付され，それに基づき被告商品の購入

を申し込めるのである。このような一連の流れからすると，研究会チラシにおけるクロレラやウコギの薬効についての記載は，実質的には，その後に送付されてくる被告商品の薬効を宣伝するものである。

(3) したがって，研究会チラシは，被告商品の品質や内容を表示するものとして配布されるものであり，かつ，消費者契約の締結について勧誘をするに際して配布されるものでもある。

5 研究会チラシの配布が優良誤認表示又は不実告知に当たること

(1) 被告は，被告商品を販売する目的で研究会チラシを作成したのであるから，その記載内容が事実であることを直ちに証明できて然るべきである。このため，原告において積極的な立証をしなくても，被告が研究会チラシの内容を証明するに足りる証拠を提示できない場合には，「実際のもの…よりも著しく優良であると誤認させる表示」（景表法10条1号。以下単に「優良誤認表示」という。）をした，あるいは「重要事項について事実と異なることを告げ」た（消費者契約法4条1項1号。以下単に「不実告知」という。）と事実上推定される。

(2) また，研究会チラシの内容は，承認を受けた医薬品でなければ表示することが許されないものであるから，研究会チラシによる表示は，その承認を受けていない商品であるにも関わらず，これを受けているかのように誤認させるものであって，優良誤認表示又は不実告知に該当する。

(3) さらに，研究会チラシに記載された効用内容のうち「免疫力を整える」「細胞の働きを活発にする」「排毒・解毒作用」「疲労回復作用」については，仮にこれが医薬品的な効能効果を表示するものでないとしても，「食生活において特定の保健の目的で摂取をする者に対し，その摂取により当該保健の目的が期待できる旨の表示をするもの（以下「特定保健用食品」という。）」に該当する（健康増進法に規定する特別用途表示の許可等に関する内閣府令2条1項5号）。そして，特定保健用食品は，食品衛生法上，保健機能食品に該当するところ（食品衛生法第十九条第一項の規定に基づく表示の基準に関する内閣府令1条1項13号），保健機能食品以外の食品にあっては，保健機能食品と紛らわしい名称，栄養成分の機能及び特定の保健の目的

が期待できる旨の表示をしてはならないとされている（同内閣府令1条6項）。

　それにもかかわらず，被告は，特定保健用食品にかかる特別用途表示の許可（健康増進法に規定する特別用途表示の許可等に関する内閣府令4条2項，健康増進法26条1項。なお，同内閣府令1条により「特定の保健の用途」は「特別の用途」にあたる。）を得ることなく，研究会チラシにおいて特定の保健目的が期待できる旨を表示しているのであるから，優良誤認表示又は不実告知をしたといえる。

6　書面による事前請求

　原告は，被告に対し，平成25年10月11日，消費者契約法41条に定める事項を記載した書面により，別紙1記載の表示の差止を請求し，同書面は，同月12日に到達した。

7　まとめ

　よって，原告は，被告に対し，景表法10条1号又は消費者契約法12条1項及び同2項に基づき，被告が自ら又は第三者をして別紙1に記載の表示をすることの差止を求めるとともに，景表法10条1号に基づき，当該表示の「停止若しくは予防に必要な措置」として別紙2に記載の広告を別紙3に記載の条件で1回配布することを求める。

【請求原因に対する認否】

1　請求原因1の事実は認める。
2　同2の事実は認める。
3　同3の事実は否認する。

　研究会チラシは，■■■■研究会が配布したものであり，被告が配布したものではない。■■■■研究会は，被告から独立した組織であり，個人情報も被告から独立して管理している。■■■■研究会に資料請求しても，■■■■研究会が，資料請求の承諾を得ることなく，個人情報を被告に提供することはないし，被告商品のカタログを送付することもない。■■■■研究会への資料請求があった場合に，被告が被告商品のカタログを送付することは，資料請求者が積極的にそれを希望した場合に限られる。

4　同4のうち，被告が細胞壁破砕技術を用いた細胞壁破砕クロレラを販売していることは認めるが，その余の事実は否認する。

　不当表示規制は営利的表現の自由を規制するものであるから，事業者

の活動を不当に萎縮させないないよう、限定的に解釈されなければならない。そして、景表法10条1号は、ある商品表示と比較すべき対象として「実際のもの」だけでなく、「他の事業者に係るもの」を挙げているから、同条の「表示」とは他社の商品等と識別できる程度に特定されている必要がある。研究会チラシは、被告商品の商品名を表示するものではなく、単にクロレラ等の効用を紹介するものに過ぎないから、他社の商品等と識別できる程度の特定はされていない。

また、一般消費者にどのような認識を与えるかにより判断すべきであるとしても、その判断に際しては、研究会チラシから看取できる情報のみを基礎にすべきである。「クロレラ」という原材料名を商品名に付けることは一般的であるし、「細胞壁破砕クロレラ」を謳った商品は被告商品以外にも複数存在しているから、これらの表示をもって、一般消費者が、被告商品のチラシであると認識するとは考え難い。

さらに、上記3のとおり、■■■■研究会に資料請求しても、■■■■研究会が、資料請求者の承諾を得ることなく、被告商品のカタログを送付することはない。

5 同5のうち、被告が特定保健用食品に係る特別用途表示の許可を得ていないことは認め、その余は争う。

優良誤認表示又は不実告知にあたるか否かの立証責任は原告にある。本件では、原告において、クロレラやウコギの効能効果が存在しないことを科学的に立証するのでなければ、優良誤認表示又は不実告知であるとは認められないはずである。被告商品の製造販売につき薬事法14条1項の承認を得ていないとしても、それだけでは優良誤認表示や不実告知にはあたらない。

6 同6の事実は認める。
7 同7は争う。

理　　　由

第1 認定事実

請求原因1及び2の事実、同4のうち被告が細胞壁破砕技術を用いた細胞壁破砕クロレラを販売している事実は、当事者間に争いはなく、これらの争いのない事実に加え、甲第2、第3、第7、第8号証、第9号証の1ないし5、第10号証、第11号証の1ないし9、第12ないし第20号証、及

付章　消費者庁を補完する適格消費者団体のパトロール

び弁論の全趣旨によれば，次の事実が認められる。
1　クロレラについて
　被告は，昭和48年4月に創立された株式会社であり，創業者は，■■■■という人物であり，創業当時から，クロレラを原料にした健康食品を販売していた。
　クロレラとは，淡水性で単細胞の緑藻類であり，細胞中にクロロフィルを持っており，活発に光合成を行う生物である。たんぱく質の含有量が高く，ビタミンやミネラルも豊富に含まれているため，健康食品の原料とされることが多い。
　被告は，クロレラの細胞壁を破砕し乾燥した粉末を原料として，「■■■■■粒」「■■■■■顆粒」などの健康食品を製造販売している。
2　クロレラ・グロス・ファクターについて
　クロレラ・グロス・ファクター（クロレラ成長促進因子。略して「C.G.F.」）とは，クロレラに含まれる核酸やアミノ酸で構成される成分である。被告では，クロレラ・グロス・ファクターがクロレラの含有成分の中で最も価値の高い成分と位置付けており，クロレラ・グロス・ファクターを配合した飲料として「■■■■ゴールド」「■■■サン■■」を製造販売している。
3　ウコギについて
　ウコギとは，一般的にはウコギ科の植物の総称である。ウコギは，日本中に生育しており，その根，茎，葉は古くから生薬として摂取されていた。
　被告は，エゾウコギという北海道東部に自生する灌木から採取した原料を用いて「■■■■■粒」を製造販売している。
　被告は，エゾウコギの成分の中でも，根から採取されるエレウテロサイドヤイソフラキシジンが有用な成分であるとし，それらを高純度で抽出・凝縮した「■■■■■エキス」を製造販売しているほかクロレラ・グロス・ファクターとエゾウコギの有用成分を混ぜた飲料として「■■■■■ドリンク」を製造販売している。
4　アガリスクについて
　アガリスクは，ハラタケ属のキノコの総称である。被告では，そのうち「アガリスク・ブラゼイ・ムリル」の品種中の「ヒメマツタケ：

159

岩出101株」を原料とし，これにクロレラ・グロス・ファクターを加えた顆粒状の健康食品として「■■■■■■アガリスク」を製造販売している。
5 研究会チラシの内容について
　甲第3号証は，平成25年8月21日に京都市内で配達された毎日新聞朝刊に折り込まれた研究会チラシであるところ，甲第3号証には，下記のとおりの記載がされている。体験談は，甲第3号証の研究会チラシの表面の3分の2，裏面のほぼ全面を占めている。
　近年に新聞折込チラシ又は資料希望者への送付等の方法で配布された研究会チラシは，いずれも，甲第3号証と同様に「解説特報」と題され，下記（1）ないし（5）と同一の記載を含んでいる。
　下記（6）の体験談については，研究会チラシによって異なるものが掲載されているが，いずれも様々な慢性的疾患の症状が改善したというものであり，下記（6）のものと大差がない（甲11の5）。

記
(1) 慢性病に悩む方々には「クロレラ療法」が勧められる。
(2) クロレラは全てが同じものではなく，より品質の良いクロレラを選ぶ必要がある。また，細胞壁破砕クロレラは，通常のクロレラより吸収が良い。
(3) クロレラ（クロレラ・グロス・ファクター）には，「病気と闘う免疫力を整える」「細胞の働きを活発にする」「排毒・解毒作用」「高血圧・動脈硬化の予防」「肝臓・腎臓の働きを活発にする」などの効用がある。
(4) ウコギには，「神経衰弱・自律神経失調症改善作用」「ホルモンバランス調整」「抗ストレス作用・疲労回復作用」「鎮静作用による緊張の緩和・睡眠安定」「抗アレルギー作用」などの効用がある。
(5) クロレラとウコギの効用には「相乗効果」がある。
(6) 体験談（なお，これらの体験談で服用された細胞壁破砕クロレラ粒とウコギエキスは，■■■■研究会が推奨したものであることが，明示又は黙示的に示されている。）
　① 　細胞壁破砕クロレラ粒とウコギエキスを継続的に服用したところ，腰部脊柱管狭窄症（お尻からつま先までの痛み，痺れ）の症状が改善した（甲第3号証の表面）。

② 細胞壁破砕クロレラ粒とCGF液を継続的に服用したところ、肺気腫の症状が改善した（甲第3号証の表面）。
③ 細胞壁破砕クロレラ粒とCGF液とウコギエキスを継続的に服用したところ、自律神経失調症・高血圧の症状が改善した（甲第3号証の表面）。
④ 平成20年10月から細胞壁破砕クロレラ粒とCGF液とウコギエキスを継続的に服用したところ、腰痛、坐骨神経痛の症状が改善した（甲第3号証の表面）。
⑤ 平成17年5月から細胞壁破砕クロレラ粒とCGF液とウコギエキスを継続的に服用したところ、糖尿病の症状が改善した（甲第3号証の表面）。
⑥ 平成25年4月から細胞壁破砕クロレラ粒とCGF液とウコギエキスを継続的に服用したところ、パーキンソン病、便秘の症状が改善した（甲第3号証の表面）。
⑦ 平成23年10月から細胞壁破砕クロレラ粒30粒とCGF・ウコギ混合エキス100ミリリットルを継続的に服用したところ、間質性肺炎、関節リウマチ、貧血の症状が改善した（甲第3号証の表面）。
⑧ 前立腺がんのホルモン療法と並行して、アガリスクブラゼイとCGF液を継続的に服用したところ、前立線がんの検査数値（PSA値）が急激に低下した（甲第3号証の表面）。

6　被告と■■■■研究会の関係を示唆する事実関係
(1)　■■■■研究会は、法人格を有しない団体である。
(2)　被告は、研究会チラシの作成配布費用だけでなく、■■■■研究会によるクロレラ等の広報活動に要する費用を全て負担している。
(3)　被告のすべての従業員がクロレラ研究会の会員となっており、■■■■研究会は、その活動のために独自に人件費というものを支出していないし、団体としての会計管理や税務申告を行っているわけでもない。
(4)　被告は、■■■■研究会が使用するとされている電話番号の回線契約者であり、その電話料金を全て負担している。
(5)　■■■■研究会の京都本部は、被告の本社ビル内にあるとされているが、■■■■研究会から被告に対し、事務所使用料の支払はされていない。

(6) ■■■研究会○○支部も，被告の事務所内に設置されている。
(7) ■■■研究会のウェブサイトから■■■研究会に資料請求すると，■■■研究会が作成したとする多数の資料（甲11の1ないし9）が送付されてくるほか，被告商品のカタログ（甲9の1）や注文書（甲9の2ないし4）が送付されてくる。
(8) 研究会チラシに記載された電話番号に従って■■■研究会に電話で問い合わせると，被告商品の購入を推奨される（甲3，甲7の11頁）。
(9) ■■■研究会は，被告商品以外の商品のカタログを送付することはない。

第2 研究会チラシの配布主体について

1 前記第1の6に認定の事実関係に照らせば，■■■研究会が，被告とは別個の組織として，被告から独立して存在するとは考え難い。むしろ，■■■研究会は，細胞壁破砕クロレラ粒，CGF液，ウコギエキス，CGF・ウコギ混合エキス，アガリスクブラゼイ（以下「細胞壁破砕クロレラ粒等」という。）といった被告商品の宣伝広告活動を行う被告の組織の一部門にすぎないと考えるのが合理的である。

したがって，研究会チラシを配布した者は被告自身であり，前記第1の5に掲記のとおりの細胞壁破砕クロレラ粒等の薬効を表示したのも被告自身であるということになる。

2 これに対し，被告は，■■■研究会では取得した個人情報を被告から独立して管理しているから，■■■研究会と被告とは別の組織であると主張する。

しかし，前記認定のとおり，■■■研究会に資料請求すると，被告から被告商品のカタログや注文書が送付されてくるのであるから，■■■研究会が被告から独立して個人情報を管理していると認めることはできないし，前記第1の6のとおりの事実が認められるのに，■■■研究会と被告が別個独立の組織であると考えるのは困難なことである。被告の上記主張を採用することはできない。

第3 研究会チラシの商品表示該当性について

1 景表法における商品「表示」とは，「顧客を誘引するための手段として，事業者が自己の供給する商品…の内容…について行う広告その他の表示であって，内閣総理大臣が指定するもの」をいうから（景表法2条4項），本件において景表法10条1号の優良誤認「表示」はあるとい

うためには，まず，研究会チラシが被告商品の内容を「表示」するものであると認められる必要がある。
2　研究会チラシには日刊新聞紙の折込チラシであるところ，営利法人による新聞折込チラシの配布は，通常，その商品の販売促進を目的とするものであると考えられる。

　また，研究会チラシは，クロレラの中にも様々な品質のものがあり，■■■■研究会が推奨するものを服用したことにより慢性的疾患の症状が改善したことを記載しているのであって，クロレラ研究会が推奨する商品の購入を強く誘導するものである。

　そして，■■■■研究会が購入を推奨するのは被告商品だけであるから，結局のところ，顧客は，研究会チラシの記載に関心を持って■■■■研究会と接触すれば，被告商品の購入を勧誘されることになる。

　したがって，研究会チラシは，単にクロレラやウコギの成分の効用を人々に知らしめようとする広告ではなく，被告商品の販売促進を目的とするものであり，研究会チラシの記載は，被告商品の内容に対する「表示」と認められる。
3　これに対し，被告は，研究会チラシには，「クロレラ」や「ウコギ」といった一般的な原材料の記載はされているものの，被告商品の商品名の記載がないから，被告商品の内容を表示するものではないと主張する。

　しかし，景表法による不当表示に対する規制は，商品を購入させるための不当な誘導を社会から排除し，一般消費者の適正な商品又は役務の選択を確保することを目的とするから，ある広告に，字面上，商品名が記載されていないとしても，その一事から当該広告は商品表示ではないとして規制対象から外すのは相当ではない。

　なぜなら，商品名を表示しない広告であっても，多数の消費者が当該広告で行われた不当な説明に誘導されて特定の商品購入に至るという仕組みがある場合には，当該広告をも景表法の規制対象としなければ，景表法の規制目的を達成することが非常に困難となるからである。

　これを研究会チラシについてみるならば，そこに記載された様々な効用に関心を抱いた顧客は必然的に被告商品の購入を勧誘されるという仕組みが取られているのであるから，研究会チラシの記載を被告商品の品質に関する表示とみなければならないのである。被告の上記主張を採用することはできない。

4 以上に説示のとおりであるから，研究会チラシの記載は，景表法が規制対象とする商品表示に当たると解するのが相当である。
第4 研究会チラシの優良誤認表示該当性について
1 前記のとおり，不当表示規制の趣旨は，商品を購入させるための不当な誘導を社会から排除し，一般消費者の適正な商品又は役務の選択を確保することにあるから，商品の内容について「実際のもの…よりも著しく優良であると誤認される表示」（景表法10条1号）をしたか否かは，業界の慣行や事業者の認識ではなく，表示の受け手である一般消費者の認識により判断されるべきである。

また，同条の「著しく」とは，当該表示の誇張の程度が，社会一般に許容されている程度を越えて，一般消費者の商品選択に影響を与える場合をいうと解される。

2 わが国では，医薬品が，国民の保健衛生上極めて重要であることに鑑み，医薬品の使用によってもたらされる国民の健康への積極的，消極的被害を未然に防止し，その品質，有効性及び安全性を確保するため，薬事法により，医薬品は品目ごとにその製造販売について厚生労働大臣の承認を受けなければならず（14条1項），その承認をする際には，その品質，有効性及び安全性に関する調査が行われ，申請に係る効能又は効果を有するか否かを厳格に審査されている（14条2項，5項）。この承認を受けることなく医薬品を製造販売することはできず（55条2項），これに違反した場合には刑罰を科せられる（84条3号）。

さらに，承認を受けていない医薬品につき，その名称，製造方法，効能，効果又は性能に関する広告をすることはできず（68条），これに違反した場合にも刑罰が科される（85条5号）。

なお，ある商品について「成分，形状，名称，その物に表示された使用目的・効能効果・用法用量，販売方法，その際の演述・宣伝などを総合して，その物が通常人の理解において」医薬品と認められるならば，客観的に薬理作用を有するものでないとしても，薬事法68条や85条の適用上は医薬品と解される（最高裁判所昭和57年9月28日第三小法廷判決・刑集36巻8号787頁参照）。したがって，医薬品と銘打って販売されているわけではない商品であっても，医薬品的な効能効果を謳って製造販売されれば，通常，薬事法68条の禁止に触れ，薬事法85条で処罰の対象とされることが多い。

3 このように，わが国では，薬事法が制定された昭和35年以降，医薬品は厳格に規制され，国による厳格な審査を経て承認を得なければ製造販売することはできず，承認を受けていない医薬品は医薬品的な効能効果を表示することが刑罰をもって禁止されてきたのであるから，①医薬品的な効能効果を表示する商品があれば，該当商品が当該効能効果を有することについて国の厳格な審査を経た医薬品であり，②通常の事業者であれば，承認を受けた医薬品でない商品について医薬品的な効能効果を表示して販売しないであろうという社会通念が形成されているというべきである。

そうすると，医薬品としての承認がされていない商品について，医薬品的な効能効果が表示されている場合，当該表示は，一般消費者に対し，当該商品があたかも国により厳格に審査され承認を受けて製造販売されている医薬品であるとの誤認を引き起こすおそれがあるから，優良誤認表示にあたると認めるのが相当である。

そこで，次に，研究会チラシの表示内容は，医薬品的な効能効果があると表示するものかを検討する。

4 研究会チラシのうち，細胞壁破砕クロレラ粒等を服用したことにより，「腰部脊柱管狭窄症（お尻からつま先までの痛み，痺れ）」「肺気腫」「自律神経失調症・高血圧」「腰痛・坐骨神経痛」「糖尿病」「パーキンソン病・便秘」「間質性肺炎」「関節リウマチ・貧血」「前立腺がん」等の症状が改善したとの体験談を記載した部分については，人の疫病を治療又は予防する効能効果があることを暗示するものであり，一般の消費者に対し，細胞壁破砕クロレラ粒等が医薬品であるとの誤認を引き起こすおそれがあるから，医薬品的な効能効果があると表示するものである。

また，それ以外の記載，すなわち「薬効のある食品であること」や「病気と闘う免疫力を整える」「神経衰弱・自律神経失調症改善作用」等の効用があることを記載した部分についても，人の疫病の治療又は予防を目的とする効能効果があることや，単なる栄養補給や健康維持を超え，身体の組織機能の意図的な増強増進を主たる目的とする効能効果があることを標榜するものであることは明らかであり，一般の消費者に対し，細胞壁破砕クロレラ粒等が医薬品であるとの誤認を引き起こすおそれがあるから，医薬品的な効能効果があると表示するものであ

る。
5 　以上のとおり，研究会チラシによる前記第1の5に掲記認定の説明は，医薬品としての承認を受けていない細胞壁破砕クロレラ粒等の被告商品につき，医薬品的な効能効果があると表示するものであり，一般の消費者に対し，細胞壁破砕クロレラ粒等の被告商品があたかも国により厳格に審査され承認を受けて製造販売されている医薬品であるとの誤認を引き起こすおそれがある。

　　また，上記のような表示は，商品の宣伝広告として社会一般に許容される誇張の限度を大きく踏み越えるものである。

　　したがって，研究会チラシの説明は，景表法10条1号所定の「商品…の内容について，実際のもの…よりも著しく優良であると誤認される表示」として優良誤認表示にあたる。

6 　これに対し，被告は，原告がクロレラやウコギの効能効果が存在しないことを科学的に立証するのでなければ，研究会チラシによる説明が優良誤認表示にあたるとは認められないはずであると主張する。

　　しかし，細胞壁破砕クロレラ粒等の被告商品は，医薬品として製造販売するための承認を受けていない（このことは争いがない。）。したがって，研究会チラシが説明するような医薬品的な効能効果があろうがなかろうが，研究会チラシは，一般の消費者に対し，当該効能効果が国による厳格な審査を経ているかのごとき誤認を発生させるおそれがあり，商品を購入させるための不当な誘導となり，一般の消費者の商品選択に不当な影響を与えるのである。

　　したがって，医薬品的な効能効果を謳う商品の場合，景表法10条1号所定の優良誤認表示にあたるかどうかを判断するに際し，当該効能効果の有無を問うまでもないのであって，被告の当該主張は採用できない。

第5 　結論
1 　以上に認定説示のとおりであって，被告は，研究会チラシを配布することにより，被告商品の内容について優良誤認表示を行ったと認められる。

2 　前記第1に認定の事実関係を照らせば，被告は，今後も，自己又は第三者をして，被告商品の内容について別紙1に記載の優良誤認表示を行うおそれがあると認められるから，原告は景表法10条1号に基づき，

被告に対し，別記1に記載の優良誤認表示の差止め及び別紙1の行為が優良誤認表示である旨の周知措置の履行を求めることができる。
3　よって，原告の請求はいずれも理由があるからこれを認容することとし，訴訟費用につき民訴法61条を適用し，仮執行宣言は相当ではないからこれを付さないこととして，主文のとおり判決する。
　京都地方裁判所第2民事部

　　　　　　　　　　　　裁判長裁判官　　橋　　詰　　　　　均

　　　　　　　　　　　　裁判官　　　　　川　　淵　　健　　司

　　　　　　　　　　　　裁判官　　　　　和　　田　　崇　　寛

【別紙1】

差止対象の表示

1 表示媒体
　日刊新聞紙の折込チラシ
2 表示内容
　(1) クロレラ（C. G. F.）
　　ア　免疫力を整える旨
　　イ　細胞の働きを活発にする旨
　　ウ　排毒・解毒作用を有する旨
　　エ　高血圧・動脈硬化の予防となる旨
　　オ　肝臓・腎臓の働きを活発にする旨
　(2) ウコギ（イソフラキシジン）について
　　ア　神経衰弱・自律神経失調症改善作用を有する旨
　　イ　ホルモンバランスを調整する旨
　　ウ　抗ストレス作用・疲労回復作用を有する旨
　　エ　鎮静作用による緊張の緩和・睡眠安定の効用を有する旨
　　オ　抗アレルギー作用を有する旨
　(3) クロレラが薬効のある食品である旨
　(4) 体験談の形式を用いた，クロレラを摂取することにより，「腰部脊柱管狭窄症（お尻からつま先までの痛み，痺れ）」「肺気腫」「自律神経失調症・高血圧」「腰痛・坐骨神経痛」「糖尿病」「パーキンソン病・便秘」「間質性肺炎」「関節リウマチ・貧血」「前立腺がん」等の疾病が快復した旨

　　　　　　　　　　　　　　　　　　　　　　　以　上

【別紙2】
周知広告の内容

当社が「■■■■■研究会　解説特報」の表題で日刊新聞紙に折り込んだチラシには、下記の内容の不当景品類及び不当表示防止法10条1号の優良誤認表示がありました。今後は、優良誤認表示を行わないようにいたします。

■■■■■■株式会社

記

(1) クロレラ（C.G.F.）
　　ア　免疫力を整える旨
　　イ　細胞の働きを活発にする旨
　　ウ　排毒・解毒作用を有する旨
　　エ　高血圧・動脈硬化の予防となる旨
　　オ　肝臓・腎臓の働きを活発にする旨
(2) ウコギ（イソフラキシジン）について
　　ア　神経衰弱・自律神経失調症改善作用を有する旨
　　イ　ホルモンバランスを調整する旨
　　ウ　抗ストレス作用・疲労回復作用を有する旨
　　エ　鎮静作用による緊張の緩和・睡眠安定の効用を有する旨
　　オ　抗アレルギー作用を有する旨
(3) クロレラが薬効のある食品である旨
(4) 体験談の形式を用いた、クロレラを摂取することにより、「腰部脊柱管狭窄症（お尻からつま先までの痛み、痺れ）」「肺気腫」「自律神経失調症・高血圧」「腰痛・坐骨神経痛」「糖尿病」「パーキンソン病・便秘」「間質性肺炎」「関節リウマチ・貧血」「前立腺がん」等の疾病が快復した旨

以　上

【別紙3】

周知広告の条件

1　表示方法
（1）広告の紙面サイズは，B4とする。
（2）文字はMS明朝20ポイントで記載する。
（3）裏面は白紙とする。
2　配布方法
　判決確定後最初の日曜日付の朝刊（京都府内に配布される京都新聞，毎日新聞，朝日新聞，読売新聞，産経新聞）に，上記1の方法で作成した別紙2記載の内容の折込チラシを配布する。

以　上

図表F‐3　消費者団体のHPに公開されたⅠ社の回答

2016年1月16日

適格消費者団体
特定非営利活動法人　消費者支援機構関西　御中

■■■■■■株式会社

貴法人の2015年12月16日付「申入れ、要請及び再お問い合わせ」と題する書面の事項につき、下記のとおり回答いたします。

〈申し入れ内容〉
貴社が提供する「しじみ■■」のWeb上の表記、twitterのプロモーション、各媒体上の広告などにおいて、「休肝日の代わりにしじみ■■」「休肝日？私はしじみ■■」など、「しじみ■■」を摂取することが、休肝日を設けることの代わりになるかのような表記を停止するよう求めます。
「休肝日の代わりにしじみ■■」「休肝日？私はしじみ■■」などの表記は、「しじみ■■」を摂取することが休肝日を設けることと同じような機能、効能・効果を持つとの意味内容を表示しているといえます。しかし、しじみのエキスを摂取することが、休肝日と同じ効果を持つとは到底考えられません。上記表記は消費者の認識を誤らせ、健康に対する被害を生じさせる懸念すら抱かせます。
また、貴社が提供する「しじみ■■」は、しじみを主成分とした加工食品であり、機能性表示食品でも特定保健用食品でも、ましてや医薬品でもありません。であるにもかかわらず、上記のような機能もしくは効能・効果を表示することは、商品の質について、一般消費者に対し実際よりも著しく優良であると示しているものであり、上記表記は景品表示法第10条1号に該当します。

〈回答〉
10月27日付の回答に記載させていただきましたように、弊社では「しじみ■■」が休肝日の代わりになるということは意図しておりませんでした。しかしながら、ご指摘の通り、消費者の方におかれましては、「しじみ■■」が休肝日と同等の効能・効果を有すると誤認される方もいらっしゃる可能性があります。そのため、ご指摘いただきましたように、弊社が設置したサイト等において「しじみ■■」が休肝日の代わりになるような表記は今

特定非営利活動法人消費者支援機構関西ホームページ「申入活動」より。
http://www.kc-s.or.jp/upload/f10000578_1.pdf
「2016年1月16日付■■■■■■（株）■■■■■から「申入れ、要請及び再お問い合わせ」に対する回答」全4ページの内容を、企業名および商品名の一部を伏せ字にして掲載。

後、行わないように考えています。また、過去の広告バナーやランディングページにある「しじみ■■」が休肝日の代わりになるような記載についても削除をする方向です。

〈要請内容〉
(1) アフィリエイト広告についての適切な対策について
アフィリエイトの方法で貴社の商品を宣伝するウェブサイトについて、医薬品、医療機器等の品質、有効性及び安全性の確保等に関する法律、景品表示法、特定商取引法に抵触する事態が生じないよう、随時、サイトの点検をした上で、必要な対策を講じるよう要請します。
貴社は、自社商品の広告手段として、アフィリエイト広告を利用しておられます。アフィリエイト広告においては、アフィリエイターが報酬目当てで誇大な広告や、法令に抵触する広告を作成するおそれがあります。広告主とアフィリエイトサービスプロバイダとの間の契約や、アフィリエイトサービスプロバイダとアフィリエイターとの間の契約の中で、法令を遵守する義務が定められている場合でも、全てのアフィリエイターにまで徹底されているとは限りません。つきましては、広告主として不適切な広告により、消費者が不利益を被ることがないようにすべきであるとの見地から、随時、サイトの点検をした上で、必要な対策を講じるよう要請するものです。

〈回答〉
10月27日付の回答に記載させていただきましたように、アフィリエイト広告については、弊社から一次代理店に発注し、一次代理店は二次代理店に発注しています。二次代理店はそれぞれのASP(アフィリエイト・サービス・プロバイダー)と提携し、最終的にアフィリエリターに広告を掲載させています。
ASPとアフィリエイターとの間には、薬事法や景表法などの法令を遵守することの契約がなされています。しかしながら、ご指摘の通り実際に「しじみ■■」のアフィリエイターが法令を遵守出来ていない可能性もあります。検索エンジンで「しじみ■■」と検索した場合、アフィリエイト広告の内容について法令が遵守されているか確認し、遵守されていない場合については、発注先である一次代理店へ協力を要請していきます。

付章　消費者庁を補完する適格消費者団体のパトロール

(2) 広告であることの明示について

自社サイト以外で、貴社または貴社の関係者が貴社製品の広告のためのサイトを設置するときは、それが、貴社あるいは貴社の関係者が設置したサイトであること及びその内容が広告であることを明示するよう要請します。

ネット上には、もっぱら貴社製品を推奨することを目的としたと見られるサイトが散見されます（＊1）。しかしこれらのサイトは、商品自体の紹介や、体験談の紹介の体裁をとっており、広告であることの明示がありません。また、サイトの設置者が誰であるのかも全く不明です。

これらのサイトは、アフィリエイト広告である可能性もありますが、もし、貴社あるいは貴社の依頼を受けた者が設置したサイトであるならば、広告であることを隠して、実質的に広告を行うものであり、いわゆるステルスマーケティングに該当することになります（消費者庁「インターネット消費者取引に係る広告表示に関する景品表示法上の問題点及び留意事項」5頁）。

ステルスマーケティングは、消費者に対して、広告であることを隠して購入動機の形成を働きかけるもので、情報提供のあり方として不公正な面があり、欧米でも規制対象となっています。

したがって、これらのサイトが貴社あるいは貴社の関係者が設置したサイトであるときは、貴社あるいは貴社の関係者が設置したサイトであること及びその内容が広告であることを明示するよう要請します。

〈回答〉

ご要望のように、弊社および弊社関係者が設置したサイトの場合は、その旨を記載するようサイト制作を依頼している広告代理店へ要請していきたいと考えております。また、アフィリエイト広告を発注している代理店へも協力を要請していきたいと考えております。

〈再お問い合わせ〉

貴社が提供する「しじみ■■」一粒当たりに、しじみ何グラム分、あるいは何個分のエキスが入っているかは、消費者が商品を選択する上で重要な情報提供である、と当団体は考えます。しかし、12月○○日現在で、貴社が提供する「しじみ■■」のweb上において、明確な表記が確認できません。そこで以下の質問についてお答えください。

1 貴社は、貴社が提供する「しじみ■■」一粒当たりに、しじみ何グラム分、あるいは何個分のエキスが入っているのか、消費者に情報提供することは、必要だと思われますか、不必要だと思われますか。理由も含めてお答えください。

2 必要だと思われる場合、いつからどのような内容で情報提供されるのか、予定をお聞かせください。

〈回答〉

　「しじみ■■」一粒当たりに、何グラム分、あるいは何個分のエキスが入っているかを消費者に情報提供することは不必要だと考えております。

　まず、食品表示法等の関連法規において「しじみ■■」1粒あたりに、しじみ何グラム分、あるいは何個分のエキスが入っているかを、表示しなければいけない義務があるという認識はございません。

　また、ご指摘いただきましたので、改めて「しじみ■■」1粒あたりに、何個分のシジミ貝のエキスが含まれているのか調査しましたところ、シジミ貝の大きさやエキスの収率については季節変動や個体差が大きいため、逆に固定した量を明記することで、優良誤認となる可能性も否定できないことが明らかになりました。（別紙添付書類参照：シジミ貝の個数については、論文等の客観的な情報と、弊社で実際に測定した情報によって算出しています。）

　他社の事例になりますが、発酵法などで製造されたオルニチンを原材料として「○○個分のシジミ」などと記載されているサプリメントやインスタント味噌汁などがあります。製品に含まれるオルニチン量と、シジミ貝に含まれるオルニチン量を比較して換算してあると思われます。何らかのデータを根拠として、個数換算されていると思われますが、固定された量の場合、比較しているシジミ貝の大きさ・オルニチン量の季節変動や抽出方法による変動について考慮されているかどうかは不明です。特に、シジミ中には遊離アミノ酸としてのオルニチンに加え、低分子ペプチドに含まれているオルニチンもあります。[1), 2)] 遊離状態のオルニチンのみとの比較と低分子ペプチドに含まれているオルニチンも含めて全てのオルニチンとの比較をした場合では結果が異なってきます。加えて、シジミは冷凍処理などのストレス負荷により低分子ペプチドに含まれるオルニチンから遊離オルニチンへと変換することも報告されています。[2), 3)] そのため、分析対象としたシジミ貝がどのような保管状態であったのかなどにより遊離オル

ニチン、ペプチドに含まれるオルニチンの量は異なってきます。以上のように、一つの成分をもって、シジミ何個分と表記することも非常に困難かつ不明確となり、消費者に対し誤認を与える可能性も否定できません。

　しかしながら、シジミ貝を食べる代わりに「しじみ■■」を飲用することを目的とされるお客様がいらっしゃることも事実なので、お電話等でお問合せがあった場合には、シジミ貝の大きさには、季節変動や個体差などがあることも伝えた上で、1日の目安量である「しじみ■■」2粒に含まれるシジミ貝としてのおおよその量に関する情報を提供することを検討中です。

1) Wu, et al. Proximate composition, free amino acids and peptides contents in commercial chicken and other meat essences. Journal of Food and Drug Analysis, 2002, 10, 170-177.
2) Uchisawa, et al. A novel ornithine-containing tripeptide isolated from the extract of the brackish-water bivalve *Corbicula japonica*. Biochimica et Biophysica Acta (BBA) - General Subjects, 2007, 1770, 790-796.
3) Uchisawa, et al. Influence of Low-temperature Processing of the Brackish-water Bivalve, *Corbicula japonica*, on the Ornithine Content of Its Extract. Bioscience, Biotechnology, and Biochemistry, 2004, 68, 1228-1234.

図表F-4　J社のブルーベリーサプリのケース

2014年5月14日

株式会社■■■
代表取締役社長　■■■■様

適格消費者団体
特定非営利活動法人 消費者支援機構関西
理事長　■■■
【連絡先（事務局）】担当：■■
〒540-0033 大阪市中央区石町一丁目1-1
天満橋千代田ビル
TEL.06-6945-0729　FAX.06-6945-0730
E-mail：info@kc-s.or.jp
HP：http://www.kc-s.or.jp

お問い合わせ

　当団体は、消費者団体訴訟制度の制度化を受けて、不当な勧誘行為や不当条項の使用中止を申入れたり、団体訴権を行使することを重要な活動内容として、関西地域の7府県消費者団体や消費者問題に取り組む個人によって構成され、2005年12月3日に結成された消費者団体であり、2007年8月23日には、内閣総理大臣より消費者契約法第13条に基づく適格消費者団体として認定されました（組織概要についてはホームページをご参照ください）。
　さて、当団体は貴社が提供する「■■■のブルーベリー」の広告であるテレビコマーシャル、新聞折り込みチラシ、ホームページ上の表記など（以下「広告」といいます）について、不当景品類及び不当表示防止法上の問題点に関して検討しております。なお、ホームページ上の表記につきましては、5月14日時点の貴社ホームページを当団体で確認したものです。
　つきましては、下記の各質問事項に対し、本年6月13日までに書面にてご回答いただきますようお願いいたします。
　貴社よりご回答なき場合は、貴社広告に関し、現時点における当団体の認識に基づいて、問題点等を公開にて「申入れ」させていただくこともあります。「申入れ」には、当団体が適格消費者団体として消費者契約法第12条等に基づいて行う裁判外の差止請求を含む場合があります。公開での「申入れ」以降につきましては、当団体からの「申入れ」の内容及びそれに対する貴社からのご回答等、「申入れ」以降の全ての経緯とその内容を当団体ホームページ等で公開いたします。
　なお、このたびの「お問い合わせ」を機に、一度当団体の担当者と面会

特定非営利活動法人消費者支援機構関西ホームページ「申入活動」より。
http://www.kc-s.or.jp/upload/f10000543_1.pdf
「2014年5月14日付（株）■■■に対する『お問い合わせ』」全8ページを掲載。企業名、代表者名、商品名、および支援機構関西の理事長・担当者名を伏せ字とし、人物写真の顔にぼかしを入れた。

付章　消費者庁を補完する適格消費者団体のパトロール

　の上協議を行いたいというお考えの場合は、その旨上記の回答期限までにご連絡願います。貴社の誠実、真摯な対応を期待します。
　当団体は、本「お問い合わせ」については「お問い合わせ」を行っている事実も含めて非公開にて行っておりますが、本「お問い合わせ」を機に貴社が私どもとご協議いただき、その結果、契約書の改定等、一定の解決に至った場合には、解決に至った時点で、本「お問い合わせ」の内容及び解決結果のみを当団体ホームページ等で公開させていただきます。

※当団体の活動方針については、詳しくは別添の「KC'sの「お問い合わせ」「申入れ」「差止請求訴訟」における活動方針・情報公開ルールについて」をご参照ください。

記（質問事項）

1. 主成分であると思われるアントシアニンの、人間の身体に与える影響を、どのように考えておられるのかご教示ください。また、その根拠となる根拠論文・資料等があればご提示ください。

2. この商品を摂取することによって、「お客様の声」のような効果があるかどうか、例えば二重盲検法のような何らかの方法で実験・検査はされたのでしょうか。

「■■のブルーベリー」をご愛飲されているお客様の声

■■■商品をご愛飲頂いたお客様から、お喜びの声をたくさんいただきました！

家族みんなで飲んでいます。
悩みもアッという間になくなりました！

■■■■様　ご愛飲歴2年／兵庫県在住／61歳

もう何年になるでしょうか？
息子のためにと、■■のブルーベリーを取り寄せてから主人と共に家族全員で飲んでいます。
あれから息子も毎日快調で、買ってよかったと思います。主人も毎朝■■のブルーベリーを飲み、67歳の会社員として毎日パソコンに向かって仕事をしています。
私は老人ホームでの手芸ボランティアとして、もう約7年間1人でお年寄りにオリジナルの手芸を教えて頑張っている毎日です。
　■■のブルーベリーを飲んでいるおかげで、毎日ハツラツ！とても助かっています。

3. 貴社広告において、「1粒に333粒相当のスッキリ成分」などという表現が見られますが、「スッキリ成分」の意味をご教示ください。また「スッキリをサポートするアントシアニン」という表現も見られますが、「スッキリをサポートする」とは何のスッキリをサポートするのかご教示ください。

4．「吸収型ビルベリーエキス」についてお聞きします。①「吸収型ビルベリーエキス」とはいかなるものかご教示ください。②貴社ホームページにおいては「吸収率約200％!!」と書かれていますが、従来型のビルベリーエキスの吸収率の数値及び「吸収型ビルベリーエキス」の吸収率の元々の数値を、根拠論文・資料等も含めてご教示ください。③「■■■のブルーベリー」には吸収型ビルベリー以外に健康素材（成分）26種類が入っているとのことですが、「吸収率約200％」は、健康素材（成分）26種類と一緒になっても保証されうるのでしょうか。根拠も含めてご教示ください。④貴社広告では「吸収率約200％!!」を大きく打ち出しておられるように見受けられますが、吸収率が約2倍になることによって、いかなる効果が期待できるのでしょうか。

5．貴社ホームページ上の「ブルーベリー豆知識」の「ブルーベリーとは」の欄に「ビルベリーもブルーベリーと同じく、ツツジ科の植物ですが、詳細な分類上は別の植物になり、故郷はヨーロッパです」と書かれています。ビルベリーが主成分であり、「詳細な分類上は別の植物」であるにもかかわらず、「■■■のブルーベリー」という商品名にされているのはなぜでしょうか。

ブルーベリーに極めて近い「ビルベリー」を知っていますか?

ブルーベリーの兄弟や親戚といった植物の中で代表的なものといえば「ビルベリー」があります。ビルベリーもブルーベリーと同じく、ツツジ科の植物ですが、詳細な分類上は別の植物になり、故郷はヨーロッパです。この二つの実を、一般の人が見て区別するのは難しいですが、実は木の高さはまったく異なります。さらに大きな違いを言うと、ブルーベリーは人間の手によって育てられた栽培種がほとんどですが、ビルベリーは野生種です。

現在でもビルベリーは、フランスやイタリアをはじめとする各国で、医薬品としての効果が認められています。残念ながらブルーベリーは、成分の含有量や効果の違いから、医薬品として認められてはいません。しかし、ブルーベリーも私たちの体に良い影響を与える貴重なフルーツであることに変わりはありませんから、しっかり摂取したいですね。

6. 貴社広告において 指先で北欧産ビルベリーを潰す写真が掲載されていますが、この写真の意味するところをご教示ください。また一般のブルーベリーを指先で潰す写真と併載されている広告も見受けられますが、双方の果実の摘果時期などの条件は揃えておられるのでしょうか。

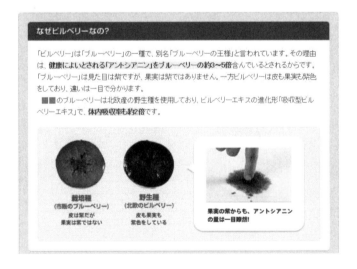

なぜビルベリーなの?

「ビルベリー」は「ブルーベリー」の一種で、別名「ブルーベリーの王様」と言われています。その理由は、健康によいとされる「アントシアニン」をブルーベリーの約3〜5倍含んでいるとされるからです。「ブルーベリー」は見た目は紫ですが、果実は紫ではありません。一方ビルベリーは皮も果実も紫色をしており、違いは一目で分かります。

■■のブルーベリーは北欧産の野生種を使用しており、ビルベリーエキスの進化形「吸収型ビルベリーエキス」で、体内吸収率も約2倍です。

栽培種
(市販のブルーベリー)
皮は紫だが
果実は紫ではない

野生種
(北欧のビルベリー)
皮も果実も
紫色をしている

果実の紫からも、アントシアニンの量は一目瞭然!

付章　消費者庁を補完する適格消費者団体のパトロール

7. 貴社広告において「健康素材の種類数18種類から26種類に」「話題の健康成分が26種類」などという表現が見られますが、「健康素材」「健康成分」の意味をご教示ください。

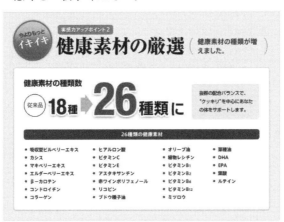

8.「健康素材」「健康成分」26種類の1粒あたりの各々の含有量をご教示ください。また「ビタミンC」「ビタミンE」「ビタミンB₁」「ビタミンB₂」「ビタミンB₆」「ビタミンB₁₂」のビタミン類の1日摂取基準のうち、■■■のブルーベリー1粒で何％摂取できるのかご教示ください。

9. 貴社ホームページにおいて、「抜群の配合バランスで、クッキリを中心にあなたの体をサポートします」と書かれていますが（お問い合わせ7に添付してある図をご参照ください）、①「抜群の配合バランス」の根拠をご教示ください。②「クッキリ」とは何がクッキリするのかご教示ください。

10. 貴社ホームページにおいて（アルファベットは当団体にて付記しました）、
　　こんなことに当てはまりませんか？
　　A "すっきりクリアな毎日を送りたい"
　　B "なんとなく、外出がおっくう"
　　C "新聞や本を読むのが趣味"

D "毎日パソコンやスマホを仕事で使っている"
E "車の運転をよくしている"
とあり、「そんな方には「■■■のブルーベリー」がオススメ！」「パワーアップした「■■■のブルーベリー」で、今よりもっと
F "趣味を楽しむことができる"
G "クリアな毎日を維持できる"
H "新しいことにチャレンジできる"
楽しく明るい毎日を過ごしませんか？
と続き、さらに「こんな方にオススメです！
I "パソコンを使用される方（仕事柄パソコンをよく使い、長時間画面と向き合っている方）"
J "読書が好きな方（本や新聞などの小さい文字をよく読む方）"
K "いきいきとした毎日を過ごしたい方（日々の生活をスッキリ明るく過ごしていきたいと願っている方）"
L "メリハリをつけたい方（仕事とプライベート、どちらも全力で楽しみたい方）"
との表記があります。①G「クリアな毎日」の意味をご教示ください。②A～E、I～Lの状況にある人に対し、「■■■のブルーベリー」がなぜおすすめなのか、各々について理由をご教示ください。③「■■■のブルーベリー」を摂取することにより、F～Hの効果が得られるとうたっておられますが、その根拠をご教示ください。

11. 貴社広告を見る限り、「■■■のブルーベリー」を摂取することにより、体験談も含めて消費者に「よりクリアな視界になる」「目に効く」ことを印象付けようとされているように見受けられます。このことに関する貴社の見解をお聞かせください。

以上

図表F-5　「お問い合わせ」活動の終了を伝える通知

2015年7月23日

株式会社■■■
代表取締役社長　■■■■様

適格消費者団体
特定非営利活動法人　消費者支援機構関西
理事長　　■■■
【連絡先（事務局）】担当：■■
〒540-0033　大阪市中央区石町
一丁目1番1号天満橋千代田ビル
TEL.06-6945-0729　FAX.06-6945-0730
メールアドレス　info@kc-s.or.jp
ホームページ　http://www.kc-s.or.jp

ご連絡（「お問い合わせ」活動終了通知）

　当団体は、消費者からの情報提供を契機として、貴社が提供する「■■■のブルーベリー」の広告であるテレビコマーシャル、新聞折り込みチラシ、ホームページ上の表記など（以下「広告」といいます）について調査し、不当景品類及び不当表示防止法上、適法性に疑問を感じる記載があったことから2014年5月14日付で「お問い合わせ」を行いました。

　その後、当団体は貴社との間で、広告に関し、書面による意見交換及び面談協議を行い、最終的には、貴社から2014年12月1日付で、当団体からの2014年10月27日付「再お問い合わせ」に対する回答を受領しました。

　広告に対する当団体の指摘する点について、貴社が一定の改善を行ったことに鑑み、当団体は差止請求を現時点では見合わせることし、2015年7月をもって、貴社に対する「お問い合わせ」活動を一旦終了することにしましたので、以下のとおりご報告します。

　従いまして、「お問い合わせ」送付時にお知らせしたとおり、双方のやり取りに関する文書をすべて公表するのが妥当と考えますが、貴社からの「ご回答」を踏まえ、【別紙】のとおり、当団体作成の「お問い合わせ」の書面と「事実経過」のみを報告する形で当団体のホームページに掲載したいと考えております。

　つきましては、【別紙】の内容に事実誤認等がないかについて、2015年8月28日までにご連絡をいただきますようお願いします。当団体にてご指摘

特定非営利活動法人消費者支援機構関西ホームページ「申入活動」より。
http://www.kc-s.or.jp/upload/f10000543_2.pdf
「2014年7月23日付(株)■■■に対する『ご連絡（「お問い合わせ」活動終了通知）』」全3ページの内容を掲載。企業名、代表者名、商品名、および支援機構関西の理事長・担当者名を伏せ字とした。

内容を確認し、【別紙】について必要であれば修正した上で、ホームページに掲載させていただきます。

　なお、当団体と貴社の見解は多くの点で食い違っており、「お問い合わせ」活動の終了をもって貴社の見解を認めたわけではないことを、念のため付言いたします。

【別紙】
「株式会社■■■」のテレビコマーシャル、新聞折り込みチラシ、ホームページ上の表記などに関する問題等の検討及び意見交換結果の公表

　特定非営利活動法人消費者支援機構関西（以下、「当団体」といいます）は、2014年5月14日、いわゆる健康食品の通信販売事業者である株式会社■■■（以下、「同社」といいます）に対し、テレビコマーシャル、新聞折り込みチラシ、ホームページ上の表記等（以下広告といいます）に関しての質問事項を含んだ「お問い合わせ」をしました。
　その後、当団体は、同社との間で、書面による意見交換及び面談協議を行いました。
　同社は、当団体のお問い合わせ活動における指摘に対して一定の理解を示されるとともに、資料を提出するなど、当団体の「お問い合わせ」活動に対して真摯に対応されたことに鑑み、当団体は、同社の広告に対する不当景品類及び不当表示防止法に基づく差止請求を、現時点では見合わせることし、2015年7月をもって、同社に対する「お問い合わせ」活動をさしあたり一旦終了することにしましたので、以下のとおりご報告します。
　なお、同社に対しては、今後とも消費者にとって誤認の無い広告作成に努められるよう期待するとともに、今後、新たに、同社の広告などに関する問題等に関する情報があれば、別途対応させていただく場合があることを念のため付言いたしました。

　以下に概要を記載します。

1．ホームページ上の素材の配合の表記に関し、「抜群の配合バランス」との表現を取り下げられました。
2．ホームページ上の「～ができる」という言い切り表現について、削除されました。

3．新聞の折り込み広告等の体験談から、行き過ぎた表現について取り下げることを約束されました。

＜経過＞
（1）2014年5月14日
　　当団体は同社に対し、広告に関して質問を伴う「お問い合わせ」を行いました。
　・「お問い合わせ」（別紙PDF）
（2）2014年5月27日
　　当団体からの2014年5月14日付「お問い合わせ」に対して「ご回答」の送付があり、当団体の質問事項に対する回答及び「■■■のブルーベリー」の栄養成分表、「■■■のブルーベリー」に含まれる栄養成分量と割合の資料開示がありました。
　　また、同社から、当団体に対し、当団体の「お問い合わせ」にかかる事項について面談協議の機会を持ちたいとの申出がありました。
　　そこで、当団体の検討グループメンバーは、同社と2014年6月30日、当団体の事務所において当団体「お問い合わせ」にかかる事項について、面談協議を行うこととなりました。
（3）2014年6月30日
　　当団体は、同社と面談協議・意見交換を行いました。同社から、ブルーベリーに関する論文を資料提供する旨、表明がありました。
（4）2014年7月16日
　　同社から、論文8通の開示がありました。
（5）2014年10月27日
　　同社の開示した資料を検討し、論文の内容を検討しても、依然として、景品表示法及び消費者利益の保護の観点から見て、いくつかの問題点や疑問点が散見されるとして、「再お問い合わせ（お問い合わせに対する同社の回答を引用しているため、公開はいたしません）」を送付しました。
（6）2014年12月1日
　　2014年10月27日に送付した「再お問い合わせ」に対して、「回答」を同社から受領しました。
（7）2015年7月23日
　　当団体は、同社に対して「ご連絡（お問い合わせ」活動終了通知）」を送付しました。

・「ご連絡（お問い合わせ）活動終了通知（別紙PDF）
(8) 2015年○月○日
　　当団体と同社は、本公表文書を双方で確認しました。

図表F-6　健康増進法の改定ガイドライン（2016年4月20日）

原案からの変更点
（食品として販売に供する物に関して行う健康保持増進効果等に関する虚偽誇大広告等の禁止及び広告等適正化のための監視指導等に関する指針（ガイドライン））

※修正部分は下線部

該当箇所	原案（変更前）	変更後
第2の1	第2　健康増進法第31条第1項の規定により禁止される広告その他の表示 1　同項の適用を受ける対象者 　健康増進法第31条第1項には「何人も」と規定されている。このため、同項が対象とする者は、食品等の製造業者、販売業者等に何ら限定されるものではなく、「食品として販売に供する物に関する広告その他の表示をする」者であれば、例えば、新聞社、雑誌社、放送事業者等の広告媒体事業者等も対象となり得ることに注意する必要がある。	第2　健康増進法第31条第1項の規定により禁止される広告その他の表示 1　同項の適用を受ける対象者 　健康増進法第31条第1項には「何人も」と規定されている。このため、同項が対象とする者は、食品等の製造業者、販売業者等に何ら限定されるものではなく、「食品として販売に供する物に関する広告その他の表示をする」者であれば、例えば、新聞社、雑誌社、放送事業者、<u>インターネット媒体社</u>等の広告媒体事業者等も対象となり得ることに注意する必要がある。 　<u>もっとも、虚偽誇大広告について第一義的に規制の対象となるのは健康食品の製造業者、販売業者であるから、直ちに、広告媒体事業者等に対して健康増進法を適用することはない。しかしながら、当該表示の内容が虚偽誇大なものであることを予見し、又は容易に予見し得た場合等特別な事情がある場合には、同法の適用があり得る。</u>

消費者庁ホームページ「健康増進法関連公表資料」より。
http://www.caa.go.jp/foods/pdf/syokuhin1545.pdf
「平成28年4月20日　健康増進法の虚偽誇大広告等の指針及びその留意事項の一部改正について」p8「原案からの変更点」を掲載。

付章　消費者庁を補完する適格消費者団体のパトロール

図表F-7　健康食品に関する景表法・健増法の留意事項の改定案（2016年4月20日）

改正後	現行
1　<u>広告その他の表示</u>に該当するものの具体例 　指針の第2の2の（2）において「広告その他の表示」の定義を示しているところであるが、具体例としては、次に掲げるものが挙げられる。 (1)　商品、容器又は包装による<u>広告その他の表示及びこれらに添付した物による広告その他の表示</u> (2)　見本、チラシ、パンフレット、説明書面その他これらに類似する物による<u>広告その他の表示</u>（ダイレクトメール、ファクシミリ等によるものを含む。）<u>及び口頭による広告その他の表示（電話によるものを含む。）</u> (3)　ポスター、看板（プラカード及び建物又は電車、自動車等に記載されたものを含む。)、ネオン・サイン、アドバルーンその他これらに類似する物による<u>広告その他の表示及び陳列物又は実演による広告その他の表示</u> (4)　新聞紙、雑誌その他の出版物、放送（有線電気通信設備<u>又は拡声機</u>による放送を含む。）、映写、<u>演劇</u>又は電光による<u>広告その他の表示</u> (5)　情報処理の用に供する機器による<u>広告その他の表示</u>（インターネット、パソコン通信等によるものを含む。）	1　広告等に該当するものの具体例 　指針の第2の2の（2）において「広告その他の表示」の定義を示しているところであるが、具体例としては、次に掲げるものが挙げられる。 ア　商品、容器又は包装による<u>広告等及びこれらに添付した物による広告等</u> イ　見本、チラシ、パンフレット、説明書面その他これらに類似する物による<u>広告等</u>（ダイレクトメール、ファクシミリ等によるものを含む。） ウ　ポスター、看板（プラカード及び建物又は電車、自動車等に記載されたものを含む。)、ネオンサイン、アドバルーンその他これらに類似する物による<u>広告等及び陳列物による広告等</u> エ　新聞紙、雑誌その他の出版物、放送（有線電気通信設備による放送を含む。）、映写又は電光による<u>広告等</u> オ　情報処理の用に供する機器による<u>広告等</u>（インターネット、パソコン通信等によるものを含む。）

消費者庁ホームページ「健康増進法関連公表資料」より。
http://www.caa.go.jp/foods/pdf/syokuhin1545.pdf
「平成28年4月20日　健康増進法の虚偽誇大広告等の指針及びその留意事項の一部改正について」p38（新旧対照表の一部）を掲載。

2　実質的に広告と判断されるもの 　　広告その他の表示の範囲については、指針の第2の2の（2）に示しているところであるが、次に掲げる①～③に該当すると消費者が認識できるものを、広告その他の表示に該当するものとして判断されたい。	2　実質的に広告と判断されるもの 　　広告等の範囲については、指針の第2の2の（2）に示しているところであるが、次に掲げる①～③に該当すると消費者が認識できるものを、広告等に該当するものとして判断されたい。

林田　学（Mike Hayashida,Ph.D）

- 東京大学法学部大学院卒、法学博士。Harvard Medical School 学位取得。大学教授、弁護士＊を経て、現在、㈱薬事法ドットコム（YDC）社主、米国財団法人 Hayashida Intercultural Foundation（HIF／林田文化交流財団理事長）。2002年度薬事法改正のための小委員会など、政府関係委員会委員を多数歴任。
- 1995年の小林製薬㈱通販事業を皮切りに、健康美容医療ビジネスの分野で関連法令とマーケティングの第一人者としてプレーヤーをサポート。広告代理店やクリニックを含め、関わった事案は600社以上を数える。
- 著書に、『PL法新時代』、『情報公開法』（中公新書）、『最新薬事法改正と医薬品ビジネスがよーくわかる本』（秀和システム出版）、『ゼロから始める！ 4年で年商30億の通販長者になれるプロの戦略』、『市場規模が3倍に！ 健食ビジネス新時代を勝ち抜くプロの戦略 「機能性表示」解禁を、どう生かすか』（ダイヤモンド社）、『機能性表示とノウハウカルテットで4年でビリオネアへの道』（河出書房新社）などがある。
- 課徴金に関するお問い合わせは、㈱薬事法ドットコムへ電話（03-6274-8781）か、メール（info@yakujihou.com）で。措置命令関係ケース30件以上の経験をもとに、高級官僚OBや弁護士も加えたチームで対応させていただきます。

東京オフィス　〒151-0051 東京都渋谷区千駄ヶ谷5-27-3 やまとビル8F
ニューヨークオフィス　57W 57th 4thFl NY NY10019
林田学公式サイト　http://www.mhayashida.com/
林田学の健康食品機能性表示＋課徴金ナビゲーター　http://mike-hayashida.blog.jp
＊現在、弁護士登録は辞め、弁護士活動は行なっていません。

STAFF
カバーデザイン　有限会社北路社
編集　有限会社トビアス
組版　有限会社トビアス（庄司朋子）

景品表示法の新制度で課徴金を受けない3つの最新広告戦略

2016年9月20日　初版印刷
2016年9月30日　初版発行

著　者　林田　学
発行者　小野寺優
発行所　株式会社河出書房新社
　　　　〒151-0051　東京都渋谷区千駄ヶ谷2-32-2
　　　　電話 03-3404-8611（編集）　03-3404-1201（営業）
　　　　http://www.kawade.co.jp/
印刷所　モリモト印刷株式会社
製本所　小泉製本株式会社

©2016 Mike Hayashida Printed in Japan
ISBN978-4-309-92101-3

落丁・乱丁本はお取り替えいたします。
本書のコピー、スキャン、デジタル化等の無断複製は著作権法上での例外を除き禁じられています。本書を代行業者等の第三者に依頼してスキャンやデジタル化することは、いかなる場合も著作権法違反となります。